맑은 행복을 위한 345장의 불교적 명상

맑은 행복을 위한
　　　345장의 불교적 명상

인쇄 2010년 1월 20일 | 발행 2010년 1월 30일
지은이 · 정효구 | **펴낸이** · 한봉숙 | **펴낸곳** · 푸른사상사
등록 제2-2876호
주소 서울시 중구 을지로3가 296-10 장양B/D 7층
대표전화 02) 2268-8706(7) | **팩시밀리** 02) 2268-8708
메일 prun21c@yahoo.co.kr / prun21c@hanmail.net
홈페이지 www.prun21c.com

@ 2010, 정효구

ISBN 978-89-5640-734-0-03800

값 13,000원

☞ 21세기 출판문화를 창조하는 푸른사상에서는 좋은 책을 만들기 위해 노력하고 있습니다.
　저자와의 합의에 의해 인지는 생략합니다.

이 도서의 국립중앙도서관 출판시 도서목록(CIP)은 e-CIP 홈페이지(http://www.nl.go.kr/cip.php)에서 이용하실 수 있습니다. (CIP제어번호 : CIP2010000198)

정효구

많은 행복을 위한
345장의
불교적 명상

| 책머리에 |

여여如如한 나날 속으로의 초대

　참자유를 찾아 긴 순례의 길을 떠나본 사람이나 떠나고 있는 사람, 또한 앞으로 떠날 예정인 사람들과 이 책을 함께 읽고 싶다.

　근원적인 치유의 세계를 찾아 긴 탐구의 길을 걸었거나, 그 고통을 알고 있는 사람, 또는 그 길 위에 서서 지금도 어딘가로 가고 있는 사람들과 이 책을 함께 읽고 싶다.

　소아적 에고를 넘어서서 좀더 큰 나, 좀더 열린 삶, 좀더 활달한 자아초월의 세계를 이룩해보고자 소망해온 사람들과 이 책을 함께 읽고 싶다.

　근대적 자유와 행복, 성공과 보람을 절대적인 목표로 삼는 현실 앞에서 '이게 아닌데, 이게 아닌데' 하며 오랜 시간 의심과 회의의 눈길을 보내온 사람들과 이 책을 함께 읽고 싶다.

　세속의 담론들이 가르치고 지시하는 성공과 자아실현의 길에 한계를 느끼며 전체에 대한 통찰과 우주적 삶을 그리워해온 사람들과 이 책을 함께 읽고 싶다.

이 책은 서로 회통하는 수많은 동서양 경전들의 키워드를 '무아無我 혹은 대아大我 속의 자유와 평화'로 파악하고 그것을 주로 불교적 사유에 입각하여 345개의 장으로 사색해본 영성적이며 문학적인 글들의 모음이다.

고등학교 2학년이 되던 어느 봄날, 시골마을의 작은 교회당에서 시작된 나의 '영성적 자유에의 모험'은 참으로 긴 시간을 거쳐 마침내 이곳에 이르렀다. 아직도 나의 참자유의 총량과 내 지혜는 부끄럽기 짝이 없는 시작 단계의 그것에 불과하나, 이들이라도 인연 닿는 분들과 공유하면서 쉽게 해결하기 어려운 무명無明의 어두운 길을 함께 밝혀나가고 싶다.

그간 나를 스쳐갔거나 나를 이끌며 동행하고 일깨워준 동서양의 수

많은 경전들에 감사한다. 그리고 이런 경전의 세계를 풀어서 보여준 수많은 해설서, 연구서들과 그 저자들에게 감사의 마음을 전한다. 또한 이 책을 정성스럽게 만들어주신 푸른사상사의 한봉숙 사장님과 직원 여러분들께 감사의 마음을 드린다.

2009. 12.
정 효 구

차례

■ 책머리에

1. 부모미생전父母未生前 • 16
2. 무아無我 • 16
3. 방하착放下着 • 16
4. 무소유無所有 • 17
5. 무상無相 • 17
6. 진아眞我 • 18
7. 아상我相 • 18
8. 제법무아諸法無我 • 19
9. 무시무종無始無終 • 19
10. 무소득無所得 • 20
11. 무상無常 • 20
12. 생사윤회生死輪廻 • 21
13. 대아大我 • 21
14. 우주심宇宙心 • 22
15. 분별심分別心 • 23
16. 시비지심是非之心 1 • 23
17. 시비지심是非之心 2 • 24
18. 출세出世 • 25
19. 중생심衆生心 1 • 25
20. 중생심衆生心 2 • 26
21. 중생심衆生心 3 • 26
22. 중생심衆生心 4 • 27
23. 중생심衆生心 5 • 27
24. 중생심衆生心 6 • 27
25. 중생심衆生心 7 • 28
26. 반야般若 • 28
27. 오온개공五蘊皆空 • 29
28. 본향本鄕 • 29
29. 주인공主人公 • 30
30. 지도知道 • 31
31. 도심道心 • 31
32. 중심中心 • 32
33. 인과법因果法 1 • 32
34. 인과법因果法 2 • 33
35. 인과법因果法 3 • 33
36. 출가出家 1 • 34
37. 출가出家 2 • 34
38. 참선參禪 • 35
39. 실상實相 • 35
40. 석탄일釋誕日 • 36

41. 법신法身 • 37
42. 무심無心 • 37
43. 고제苦諦 • 38
44. 불생불멸不生不滅 • 39
45. 해탈解脫 • 39
46. 도량道場 • 40
47. 유식唯識 • 41
48. 아뢰야식阿賴耶識 • 41
49. 육도윤회六道輪廻 • 42
50. 업적業績 • 43
51. 견성見性 • 43
52. 성불成佛 • 44
53. 염불念佛 • 45
54. 여여如如 • 46
55. 무염無染 1 • 46
56. 무염無染 2 • 47
57. 색즉시공色卽是空 공즉시색空卽是色 • 48
58. 전도몽상顚倒夢想 • 48
59. 불립문자不立文字 1 • 49
60. 불립문자不立文字 2 • 50

61. 교외별전敎外別傳 • 50
62. 직지인심直指人心 1 • 50
63. 직지인심直指人心 2 • 51
64. 무상정등각無上正等覺 • 52
65. 유루복有漏福 • 52
66. 무루복無漏福 • 53
67. 빈자일등貧者一燈 1 • 54
68. 빈자일등貧者一燈 2 • 55
69. 경계境界 1 • 55
70. 경계境界 2 • 56
71. 불살생不殺生 • 56
72. 인연소기因緣所起 • 57
73. 응무소주應無所住 이생기심而生其心 • 58
74. 만다라曼陀羅 • 59
75. 수보리須菩提 • 60
76. 대기설법對機說法 • 61
77. 무설전無設殿 • 61
78. 오도송悟道頌 1 • 62
79. 오도송悟道頌 2 • 63
80. 무연중생無緣衆生 • 64

81. 일미一味 • 64
82. 심검당尋劍堂 • 65
83. 무정설법無情說法 • 66
84. 본래면목本來面目 • 67
85. 무유정법無有定法 • 67
86. 일체一體 • 68
87. 이고득락離苦得樂 • 69
88. 백팔번뇌百八煩惱 • 70
89. 공덕功德 • 71
90. 무재칠시無財七施 • 72
91. 보시布施 • 73
92. 백팔배百八拜 • 74
93. 절[拜] • 74
94. 업병業病 • 75
95. 선정禪定 1 • 76
96. 욕심慾心 • 77
97. 백척간두진일보百尺竿頭進一步 • 78
98. 환幻 • 79
99. 탑신塔身 • 79
100. 대웅전大雄殿 • 80
101. 전생前生 • 81
102. 일체유위법一切有爲法 • 81
103. 다문제일多聞第一 • 82
104. 초월超越 혹은 초연超然 • 82

105. 아만我慢 • 83
106. 환희심歡喜心 • 84
107. 십우도十牛圖 • 84
108. 부증불감不增不減 • 85
109. 인드라망網 • 86
110. 부동不動 • 86
111. 월인月印 • 87
112. 생활선生活禪 • 88
113. 포대화상布袋和尙 • 88
114. 발보리심發菩提心 • 89
115. 자리이타自利利他 • 89
116. 고승대덕高僧大德 • 90
117. 화택火宅 • 91
118. 회향回向 • 92
119. 조고각하照顧脚下 • 92
120. 평상심平常心 • 93
121. 이판사판理判事判 • 94
122. 초발심初發心 1 • 94
123. 향상일로向上一路 • 95
124. 삼업三業 • 96
125. 약사여래藥師如來 1 • 96
126. 약사여래藥師如來 2 • 97
127. 공양供養 • 98
128. 방생放生 1 • 98

129. 방생放生 2 • 99
130. 본래무일물本來無一物 • 100
131. 일체유심조一切唯心造 • 100
132. 무명無名 • 101
133. 공부인工夫人 1 • 101
134. 공부인工夫人 2 • 102
135. 찰나생刹那生 찰나멸刹那滅 • 103
136. 공적空寂 혹은 공적空籍 • 103
137. 사리자舍利子 • 104
138. 원력願力 • 105
139. 희심喜心 • 105
140. 전등傳燈 • 106
141. 점안식點眼式 • 106
142. 도반道伴 • 107
143. 서역西域 • 108
144. 감로수甘露水 • 108
145. 자등명自燈明 법등명法燈明 • 109
146. 일주문一柱門 • 109
147. 여래如來 • 110
148. 초전법륜初轉法輪 1 • 110
149. 이심전심以心傳心 • 111
150. 불퇴전不退轉 • 111
151. 니르바나 • 112
152. 불사佛事 • 113
153. 선방禪房 1 • 113
154. 법성게法性偈 • 114
155. 무위진인無位眞人 • 114
156. 무사도인無事道人 • 115
157. 가피加被 • 116
158. 조복기심調伏其心 • 116
159. 활구活句 • 117
160. 연화蓮花 • 117
161. 진신사리眞身舍利 • 117
162. 불이법不二法 • 118
163. 무학자無學者 • 119
164. 노심怒心 혹은 분심忿心 • 119
165. 영산회상靈山會相 • 120
166. 정토淨土 • 120
167. 적멸궁寂滅宮 • 121
168. 불공佛供 • 122
169. 무문관無門關 • 122
170. 오체투지五體投地 • 123
171. 원통圓通 • 123
172. 이근원통耳根圓通 • 124
173. 육근六根 • 124
174. 수기授記 혹은 기별記別 • 125
175. 탁발托鉢 1 • 126
176. 육바라밀六婆羅密 1 • 126

177. 범종梵鐘 • 127
178. 소유所有 또는 무소유無所有 • 127
179. 염불念佛 • 128
180. 야단법석野檀法席 • 129
181. 개구즉착開口卽錯 • 129
182. 진심직설眞心直說 • 130
183. 산승山僧 • 131
184. 초발심初發心 2 • 131
185. 업종자業種子 • 132
186. 말법시대末法時代 • 132
187. 관조觀照 • 133
188. 정진精進 • 133
189. 자아自我 • 134
190. 불구부정不垢不淨 • 134
191. 정견正見 • 135
192. 문중門中 • 136
193. 초전법륜初轉法輪 2 • 137
194. 지관止觀 • 137
195. 비우기 1 • 138
196. 비우기 2 • 138
197. 폐사지廢寺趾 • 139
198. 공空 1 • 140
199. 나한전羅漢殿 • 141
200. 삼보三寶 • 141

201. 해우소解憂所 • 142
202. 세계일화世界一花 • 143
203. 하화중생下化衆生 • 143
204. 정어正語 • 144
205. 바라밀波羅密 • 144
206. 정명正命 • 145
207. 정업正業 • 145
208. 무량겁無量劫 • 146
209. 선화禪畵 • 147
210. 선시禪詩 • 147
211. 삼학三學 1 • 147
212. 정법正法 • 148
213. 일일시호일日日是好日 • 148
214. 인욕바라밀忍辱波羅密 • 149
215. 일념一念 • 149
216. 탑塔돌이 • 150
217. 시자侍子 혹은 시자侍者 • 150
218. 선정禪定 2 • 151
219. 불화佛畵 • 151
220. 범망경梵網經 • 152
221. 여몽환포영如夢幻泡影
　　　여로역여전如露亦如電 • 152
222. 큰 스님 • 153
223. 오욕락五慾樂 • 154

224. 생각 • 154
225. 돈오돈수頓悟頓修 • 154
226. 강원講院 • 155
227. 32상相 80종호種好 • 156
228. 선방禪房 2 • 156
229. 탁발托鉢 2 • 157
230. 수심修心 • 157
231. 삼학三學 2 • 158
232. 도정道程 • 158
233. 처처시도량處處是道場 • 159
234. 석굴암石窟庵 혹은
  석가여래불상釋迦如來佛像 • 160
235. 염라대왕閻羅大王 • 160
236. 육근六根 • 161
237. 공空 2 • 162
238. 호흡법呼吸法 • 162
239. 할喝 • 162
240. 독좌대웅봉獨坐大雄峯 • 163
241. 즉卽 1 • 163
242. 즉卽 2 • 164
243. 일체一體 혹은 일물一物 • 164
244. 장좌불와長坐不臥 • 165
245. 대결정심大決定心 • 166
246. 탄허呑虛 • 166

247. 만공滿空 • 167
248. 경허鏡虛 • 167
249. 법정法頂 • 168
250. 만해卍海 • 168
251. 성철性徹 • 169
252. 원효元曉 • 170
253. 여시아문如是我聞 • 170
254. 혜초慧超 • 171
255. 일연一然 • 171
256. 의상義湘 • 171
257. 일엽一葉 • 172
258. 불출동구不出洞口 • 172
259. 법거량法擧量 • 173
260. 법사法師 • 173
261. 공양게供養偈 • 174
262. 목어木魚 • 175
263. 운판雲版 • 175
264. 풍경風磬 • 176
265. 법고法鼓 • 176
266. 헌향獻香 • 177
267. 다례茶禮 • 177
268. 지눌知訥 • 178
269. 주련柱聯 • 179
270. 개심사開心寺 • 179

271. 해인사海印寺 • 179

272. 화엄사華嚴寺 • 180

273. 보탑사寶塔寺 • 181

274. 괴색壞色 • 181

275. 백담사百潭寺 • 181

276. 유성출가踰城出家 • 182

277. 숙생인연宿生因緣 • 182

278. 중광重光 • 183

279. 살불살조殺佛殺祖 • 184

280. 법륜사法輪寺 • 184

281. 현각玄覺 • 185

282. 세등世燈 • 185

283. 무외시無畏施 • 186

284. 법주사法住寺 • 186

285. 육적六賊 • 187

286. 청안淸眼 • 188

287. 숭산崇山 • 188

288. 약천사藥泉寺 • 189

289. 와불臥佛 • 190

290. 우담바라優曇婆羅 • 190

291. 숫타니파타 • 191

292. 미륵반가사유상彌勒半跏思惟像 • 192

293. 운주사雲舟寺 • 192

294. 서산 마애불磨崖佛 • 193

295. 마하반야바라밀다심경
    摩訶般若波羅密多心經 • 194

296. 금강반야바라밀경
    金剛般若波羅密經 • 194

297. 유마힐소설경維摩詰所說經 • 195

298. 벽암록碧巖錄 • 196

299. 육조단경六祖壇經 • 196

300. 대지大智 문수보살文殊菩薩 • 197

301. 대행大行 보현보살普賢菩薩 • 197

302. 대비大悲 관세음보살觀世音菩薩 • 198

303. 대원大願 지장보살地藏菩薩 • 198

304. 균여均如 • 199

305. 육바라밀六波羅密 2 • 199

306. 나무묘법연화경妙法蓮華經 • 200

307. 본생담本生談 • 201

308. 앙굴라말라 • 201

309. 춘다 • 202

310. 주리반특 • 203

311. 삭발削髮 • 203

312. 지관智冠 • 204

313. 요사채寮舍寨 • 204

314. 과거칠불過去七佛 • 205

315. 자자自恣 • 205

316. 포살布薩 • 206

317. 라훌라 • 206

318. 마곡사麻谷寺 • 207
319. 불자拂子 • 207
320. 사홍서원四弘誓願 • 208
321. 주장자拄杖子 • 208
322. 천수관음보살상千手觀音菩薩像 • 209
323. 룸비니동산 • 210
324. 부도탑浮屠塔 • 210
325. 열반송涅槃頌 • 211
326. 간화선看話禪 • 212
327. 대방광불화엄경大方廣佛華嚴經 • 212
328. 우란분절盂蘭盆節 • 213
329. 사섭법四攝法 • 213
330. 내생來生 • 214
331. 유점사榆岾寺 • 215
332. 벽안출가碧眼出家 • 215
333. 무상사無相寺 • 216
334. '그냥, 살라' • 217
335. 불경佛經 • 217
336. 수행修行 • 218
337. 유전流轉 • 219
338. 발우공양鉢盂供養 • 219
339. 자유인自由人 • 220
340. 사천왕문四天王門 • 220
341. 승무僧舞 • 221
342. 탐심貪心 • 221
343. 진심嗔心 • 222
344. 치심癡心 • 222
345. 불교佛敎 혹은 불심佛心 • 223

1 부모미생전 父母未生前

그때를 생각해본다. 그 아득한 전생前生의 거대한 물살을 갈 수 없는 지점까지 거슬러 올라가본다. 거슬러 오름의 끝에서 만나게 되는 무한의 평원平原, 그 무심無心의 해원海原. 모든 실체가 아득히 무화無化된다. 그 무화가 주는 현현玄玄한 평화와 평평平平한 해방을 마음껏 즐겨본다.

2 무아 無我

내가 없다는 것은 얼마나 고마운 일인가. 나의 빈약한 힘으로 살지 않고 우주의 충만한 힘으로 살 수 있으니 말이다. 내가 없다는 것은 얼마나 희망적인 일인가. 어제의 나의 삶과 다른 내일의 삶을 살아갈 수 있으니 말이다. 내가 없다는 것은 얼마나 설레는 일인가. 중중무진重重無盡의 연기緣起 속에서 무수한 것들과 뜻 없이 무한으로 소통하며 살아갈 수 있다니 말이다.

3 방하착 放下着

나라는 말을 무거운 가방을 내려놓듯 슬쩍 한 구석에 내려놓는다. 익명과 무명의 가벼움이 거기에 있다. 나라는 말을 칠판의 시효가 지난

낡은 급훈처럼 지워버린다. 하루 종일 상처 나지 않는 시원始原이 이런 시공時空 속에 살아 있다. 나라는 말을 가슴 속의 말 못할 비밀처럼 함부로 꺼내들지 않기로 작정한다. 오직 누구도 객체客體가 되어 흩어지지 않는 전일성全一性의 강물이 오래된 평화처럼 묵묵히 흐르기를 기원할 뿐이다.

4 무소유無所有

나라는 말을 소유하지 않는다. 내 것이라는 마음을 떠나보낸다. 내가 옳다는 생각도 큰 맘 먹고 양보한다. 우주로 사는데 왜 나라는 말이 필요한가. 우주의 주인으로 살아가는데 왜 내 것이란 마음을 낼 필요가 있겠는가. 우주의 운율로 살아가는데 무엇을 인간적 시비와 계산으로 따지려 드는가.

5 무상無相

나라고 마음을 내지 않으니 아무런 상相도 생겨나지 않는다. 모든 상은 나의 그림자이다. 내가 만든 자업자득自業自得의 세계이다. 그 속에서 내가 늙어간다. 단 하루만이라도 내 마음을 내지 않으니 천지가 고요하다. 고요와 한몸이 되어 하루 종일 일 없이 쉰다.

6 진아眞我

'진眞' 자도 '아我' 자도 번거롭다. 오해를 사기에 충분하다. 그래도 방편 삼아 말해본다. 여여如如한 진아가 있지 않느냐고, 불생불멸不生不滅의 진아가 있지 않느냐고, 부증불감不增不減의 진아가 있지 않느냐고……. 진아는 자율신경과 같다. 스스로의 율에 의해 움직이는 허공이자 진공이기 때문이다. 허공과 진공 속에서 묘유가 피어난다. 우리의 몸이 이들과 합치되면 하는 일마다 묘유가 되리라.

7 아상我相

나르시시즘의 개화. 그 아상의 높이만큼 우리는 고달프다. 아상을 먹여 살리느라 범부인 우리는 매일 세끼 밥을 꼭 챙겨 먹어야 한다. 아상은 얼마나 많은 에너지를 필요로 하는가. 아상에 먹이를 대어주고 나면 밤마다 우리는 탈진하여 쓰러진다. 부처님은 말씀하셨다. 아상, 인상人相, 중생상衆生相, 수자상壽者相을 내려놓으라고. 잠시만이라도 부처님의 말씀을 큰 바보처럼 의심 없이 따라보면 존재의 무게가 제로 쪽으로 옮겨가는 것을 느끼게 된다. 쓸 데 없는 힘을 쓰지 않게 된다.

8 제법무아 諸法無我

나만 무아가 아니다. 너도 무아이다. 사람만 무아가 아니다. 사물도, 자연도 무아이다. 사물과 자연만 무아가 아니다. 지구도 태양계도 무아이다. 극미에서 극대까지, 전자에서 대우주에 이르기까지 모든 게 무아이다. 무아의 평등심이 놀랍다. 평등한 다른 반복이 흥미롭다.

9 무시무종 無始無終

포기다. 시작을 알 수 없으니까. 희망이다. 끝을 알 수가 없으니까. 나의 나이도, 우주의 나이도 계산할 사람은 이 땅에 없다. 신산神算의 영역이라고 책임을 전가한다. 그러나 지금 여기가 시작의 시공간이다. 그리고 이곳, 이 시간이 끝지점이다. 계산할 수 없는 영역, 그래서 아예 계산하지 않는 영역, 그 속에서 자의반 타의반으로 계산하지 않는 삶의 기쁨을 맛본다. 정말로 우리의 두뇌는 일생을 계산하다가 낡아버렸다. 캄캄한 방에서 암표상처럼 암산暗算하다가 성능이 다하였다. 계산하지 않는 삶을 해탈의 시작이라고 말하는 소리가 있다. 해탈하려면 계산기를 버리든지 그것을 과감하게 꺼버려야 하리라.

10 무소득無所得

우리는 무엇 하러 이 지구별에 왔는가. 걸인처럼 구걸하러 온 것은 아닐 것이다. 강도처럼 빼앗으려고 온 것도 아닐 것이다. 침략자처럼 지배하러 온 것도 아닐 것이다. 무사처럼 싸우러 온 것도 아닐 것이다. 망나니처럼 망치러 온 것도 아닐 것이다. 그렇다면 무엇 하러 온 것일까. 『반야심경』은 이 땅에서 얻을 것이 없다고 귀띔해준다. 그렇다면 얻을 것이 없다는 그 사실을 얻으러 이 땅에 온 것일까. 아무래도 그런 것 같다. '무소득'의 그 엄청난 진리를 얻으러 힘들게 이 땅을 찾아온 것 같다. 얻을 것이 없다는 그 말 앞에서 모처럼 눈길을 바깥으로부터 미련 없이 거두어들인다. 그리고 안쪽을 반조하며 쉬어본다.

11 무상無常

우주는 동사성이다. 한순간도 정지하지 않는다. 정지란 인간의 욕망과 편리가 만들어낸 환상과 집착의 산물이다. 이 무상함 앞에서 욕심 많은 우리는 허망해한다. 환상과 집착의 산물을 부정하기 싫기 때문이다. 그러나 무상의 심층 구조를 체득하면 무상함은 우리를 시원한 해방의 세계로, 그야말로 무상無償으로 안내한다. 해방은 해탈로 가는 첫길이다. 해방에도 해탈에도 '해' 자가 들어가 있지 않은가. '해결解決'되면 모든 것은 아무 일도 되지 않는다. 무사無事해지는 것이다. 얼마 전까지만 해도 사람들은 종이편지에 펜으로 이렇게 쓰며 서로 안부를 물었다: '그동안 가내家內 모두 무사하시지요?' 무사는 무상함을 받아들일 때 가능하다. 무상함의 이해가 생사 해결의 키포인트이다.

12 생사윤회生死輪廻

내가 그렇듯 지구도, 태양계도, 거대우주도 무한의 생사윤회를 거듭하였을 것이다. 성주괴공成住壞空, 생주이멸生住異滅, 생로병사生老病死의 흐름을 끝도 없이 계속하였을 것이다. 지금 우리가 살고 있는 이 태양계와 지구는 몇 번의 생을 윤회한 현장일까? 앞으로 또 몇 번이나 더 생사윤회의 길을 가야 할까? 애착이 있는 한 생사윤회는 멈출 수가 없다. 애착의 씨앗은 언제든지 발아한다고 하지 않던가. 내가, 우리가 뿌린 씨앗이 너무 많다. 마음으로, 몸으로, 언어로 매일매일 뿌린 업종자業種子가 큰 바다의 모래알들처럼 무수하다. 취소할 수 없으니, 그 모든 것을 살아내야 하리라.

13 대아大我

대어大魚를 낚듯 대아를 낚아야 한다. 그러나 대어는 미끼를 사용하여 낚아 올려야 하지만 대아는 미끼를 버리기만 하면 저절로 드러난다. 미끼는 수단이다. 너를 나에게로 이끄는 인력引力의 표상이다. 설명하지 않아도 인력의 반대가 척력斥力임을 알 것이다. 대아는 인력도 척력도 무력화시킨다. 아무 힘도 행사하지 않는 무력한 자리에서 대아가 탄생한다. 수단을 거부하는 자리, 유력함을 경계하는 자리, 세상 전체를 내 몸으로 느끼는 자리, 그 자리가 대아의 처소이다. 그 놀라운 안신입명처安身立命處이다.

14 우주심宇宙心

우주심은 언제나 한결같다. 우주심이 우리의 마음처럼 갈팡질팡한다면 우주는 이미 수없이 흔들렸거나 고장 났을 것이다. 그리고 우주 속에서 살아가는 우리들도 제정신을 차리고 살 수가 없었을 것이다. 우주심의 한결같은 마음은 얼마나 소중한가. 우리는 그것에 기대어 시계를 맞추고, 곡식을 심고, 결혼을 하고, 아이를 낳는다.

한결같은 우주심은 누구도 편애하지 않는다. 편애하지 않는 무심은 믿음직스럽다. 가끔씩 그 대모신 같은 우주심에 내 마음의 파장을 어렵게 맞춰본다. 불현듯 내가 우주의 큰어머니(the great mother)가 된 듯 존재 전체가 무던해지고 충만해진다. 이 엄청난 세계를 대모처럼 운영하는 우주심이여! 한 번도 마음을 바꾸지 않는 우주심이여! 그 마음을 믿고 오늘도 우리는 출근을 하고, 잠자리에 들고, 아침 일찍 눈을 뜬다.

15 분별심分別心

금은 금禁이다. 금金이 아니다. 세상과 마음속에 금줄이 천지다. 금줄 속에 에고가 있다. 가까이 다가오지 말라고, 나는 네가 아니라고, 나는 너와 다르다고 에고는 경고하고 외친다. 에고의 분별심이 마침내 세상과 우주를 모래알처럼 나눈다. 나누고 또 나누어서 모든 게 고립무원의 섬이 될 때까지 나눈다. 이런 분별심 속에서 우리는 영리하다. 그러나 그 영리함이 우리를 행복하게 하진 못한다. 영리함은 언제나 차갑고, 차가움 속에서는 한 생명도 발아할 수가 없다.

16 시비지심是非之心 1

가치론 앞에 서면 늘 막막하다. 너무 어려워 항복하는 병사처럼 두 손을 들고 무릎을 꿇은 지가 오래되었다. 무엇이 더 가치 있는지 말할 수가 없다. 생각할수록 모든 것의 값을 매길 수가 없다. 다만 제법諸法이 공상空相이라는 '공空의 이론' 앞에서 잠시 힌트를 얻고 환해진다. 그리고 불가의 첫 계율인 '불살생不殺生'의 심오한 뜻을 참구하며 기뻐한다. '살림의 마음', '살림의 길'에 서 있는 것이라면 우선은 가치가 있는 것이라고 소박하게 생각한다. 그리고 불살생은 생명의 죽임뿐만 아니라 정신적 죽임도 경계하는 말이라 받아들인다. 지금까지 너무 많은 것을 직, 간접으로 사살했다. 죽인 것만큼 살려내는 일이 다가올 날들의 과업이고 묵은 숙제이다.

17 시비지심是非之心 2

시비를 그만두니 안팎이 조용하다. 너무 적적寂寂하여 내가 살아 있기는 한 것인가 하고 손바닥을 비벼본다. '나는 세상과 다투지 않는다'는 말이 이제서야 감득된다. '세상은 나를 화나게 한 적이 없다'는 말도 이제서야 마음의 안쪽으로 들어온다.

그동안 지나가는 사람과도, 거리의 간판과도, 흘러가는 구름과도, 티브이 속의 얼굴들과도 기회만 있으면 맞붙어 싸웠다. 그러고 보니 나는 싸움꾼 중의 싸움꾼이었던 것이다. 얼마나 싸워댔는지 내 속은 아수라장이 되었다. 오랜 싸움꾼인 나는 고상하게 싸우는 법도 배웠다. 매끄러운 말씨와 교양 있는 태도, 잘 다듬어진 글로 싸우지 않는 척 싸우는 법을 익혔던 것이다. 이제 그 싸움들을 그치기로 한다. '모를 뿐'인 세상에서 '그냥' 살기로 한다.

18 출세出世

부모가 나를 낳은 것이 아니라, 내가 부모를 선택한 것이라 믿기로 한다. 출세는 내가 한 것이지, 부모에 의하여 이루어진 것이 아니라고 생각하는 것이다. 나는 출세의 주인공이다. 세상으로 나온 것도 내 볼일을 위해서이고, 문득 부모가 된 한 남자와 한 여자의 사적, 육체적 만남 속으로 한밤중에 뛰어든 것도 나의 일을 위해서였던 것이다. 나는 아무도 원망하지 않는다. 부모라는 이름의 두 사람을, 그들의 중생심조차도 그저 생각 없이 바라보기로 한다. 그들이 이름만의 부모라는 것을 『금강경』의 설법에 기대어 받아들인다.

19 중생심衆生心 1

중생심은 이 우주가 나를 위하여 존재한다고 믿는 마음이다. 지나가는 새들조차 그 나를 위해 일방적으로 헌신하기를 바라는 마음이다. 지독한 자기중심주의이자 무서운 자아 흡인력이다. 중생심의 저편에 보살심이 있다. 보살심은 내가 너와, 우주와 한 몸이라고 믿는 마음이다. 나의 숨결조차 소중한 너와 이 우주에 장애가 되지 않기를 바라는 마음이다. 놀라운 동체의식이자 하심下心인 것이다. 그러므로 찬란한 세상도 그 안쪽에 중생심이 있으면 컴컴하다. 그러나 소박한 동작도 보살심을 품으면 둘레가 환하게 빛난다.

20 중생심衆生心 2

중생심이 만족되면 사람들은 좋아한다. 그러나 보살심이 만족되면 사람들은 감동한다. 좋아함과 감동 사이엔 동쪽과 서쪽 같은 거리가 놓여 있다. 좋아함은 그림자를 품고 있지만 감동은 그림자를 갖고 있지 않다. 좋아함은 약효가 짧지만 감동은 그 효과가 영원하다. 좋아함은 사심私心의 충족이지만 감동은 공심公心의 충족이다.

21 중생심衆生心 3

중생심을 크게 만족시킨 사람은 이 세상에 무서운 것이 하나도 없는 것처럼 교만하다. 중생심을 만족시키지 못한 사람은 이 세상에서 실패한 자처럼 침울하고 한탄스러워한다. 전자도 후자도 위험하고 미숙하기는 마찬가지이다. 무서운 것이 없는 사람 앞에서 모든 존재는 부재처럼 지워진다. 침울하고 한탄스러운 사람 앞에서 모든 존재는 적처럼 원망스러워진다. 언제쯤 이 땅에서 중생심의 무한 경주가 멈춰질 것인가. 끝나기는커녕 오히려 부추김을 당하는 이 시대의 레일 위에서 사람들의 영혼은 충혈되며 황폐해지고 있다.

22 중생심衆生心 4

중생심 때문에 아픈 것과 보살심 때문에 아픈 것은 다르다. 중생심의 아픔 속에는 이기적 욕망이 들어 있고, 보살심의 아픔 속엔 자비가 들어 있다. 중생심 때문에 과도하게 아파하는 사람은 언제나 민망하고 난감한 심정을 갖게 한다. 보살심으로 아파하는 사람이 공감과 존경을 자아내는 것과 구별된다. 뭇사람들의 아픔은 대체로 쓸데없는 중생심의 칭얼댐이다. 세상이 아프니 내가 아프다는 유마거사의 아픔과는 다른 것이다. 유마거사의 아픔엔 밝은 깨침과 맑은 사랑이 있다. 그것을 보살심의 원천인 영성이자 불심佛心이라고 불러본다.

23 중생심衆生心 5

중생심 때문에 사람들은 생존한다. 그것을 사람들은 '살아남았다' 고 말한다. 그러나 중생심이 보살심으로 전변할 기회가 없기에 사람들은 타락한다. 타락한 생존과 살아남음이 이 땅에 가득하다.

24 중생심衆生心 6

중생심으로 기도하면 아무도 들은 척을 하지 않는다. 하늘은 물론이고 뜰 앞의 작은 풀잎조차도 들은 기색을 하지 않는다. 그런 중생심에 귀 기울이는 것은 오직 자신 속의 중생심이거나 뭇 사람의 어리석은 중생심뿐이다. 중생심과 중생심의 이런 야합을 사람들은 기도의 응답이라고 믿고 흥분하기도 한다. 만약 그런 것을 기도의 응답이라고 믿는 데 익숙해지면 그런 사람들의 앞날은 늘 해결하기 어려운 난코스로 이어질 것이 뻔하다.

25 중생심衆生心 7

남의 아픔이나 요구에 귀 기울일 때는 그것이 어떤 마음의 발로에서 비롯된 것인지를 따져볼 일이다. 중생심의 아픔과 요구는 할 수 있는 데까지만 마음을 써 줘도 좋다. 중생심의 욕구는 이기적이고 한정이 없으니 말이다. 그러나 보살심의 그것은 달라야 한다. 달라야 한다고 말하기 전에, 우리의 마음은 이미 그쪽으로 열린다. 사람들은 이런 자발적 열림으로 인한 일의 성취를 기적이라고 말하기도 한다.

26 반야般若

반야지般若智는 통합하고, 분별지分別智는 나눈다. 반야지는 통찰이고, 분별지는 지식이다. 반야지는 밝히고 분별지는 따진다. 반야지는 무심無心한데 분별지는 유정有情하다. 우리의 능력 가운데 반야지가 있다는 것은 축복이다. 그 축복의 놀라움 때문에 우리는 '마하', '금강' 등과 같은 최고의 언어를 '반야'라는 말 앞에 기꺼이 붙여준다. '마하반야바라밀다심경,' '금강반야바라밀다심경' 등과 같은 말을 여러분도 익히 들어봤을 것이다.

27 오온개공 五蘊皆空

이 말을 들으면 몸의 불순물이 일시에 빠져나가듯 시원하다. 닫힌 몸이 열리고, 탁한 기혈氣血이 맑아지고, 얼어붙었던 마음이 봄 강물처럼 풀리기 시작한다. 우리 몸도, 우주도 색수상행식色受想行識의 오온 덩어리이고, 그것은 공空에 불과하다는 『반야심경』의 대선언이야말로 얼마나 신선한가. 본질을 '직지直指' 하지 않으면 도저히 말할 수 없는 세계이다. 이 세계 속에서 존재의 중생重生이 흐르는 강물처럼 쉬지 않고 이루어진다. 늘 옛사람이 지나가고 새사람이 탄생하는 것이다.

28 본향 本鄉

이쪽 사람이 그리워하는 곳이 저쪽이라면 저쪽 사람이 그리워하는 곳은 이쪽이다. 그리고 보면 모든 곳은 다 우리가 그리워하는 곳이다.

그리워하는 곳이 본향이라면 세상 어느 한 곳도 본향 아닌 곳이 없다. 46세에 오도송悟道頌을 부른 만해 한용운은 그의 오도송 첫 구절을 '남아도처시고향男兒到處是故鄕'이라고 썼다. 남아가 이른 곳은 바로 그 어디나 다 본향(혹은 고향)이라는 것이다. 남아라는 말이 좀 거슬리기는 하나 그냥 넘어가기로 한다. 그의 오도송처럼 우리가 이른 곳, 우리의 모든 발걸음이 도달한 곳, 그 모든 처처가 본향임을 생각한다. 그러니 어디 다른 데로 갈 필요가 없다. 그렇다고 가지 않을 필요도 없다. 인연따라 간 모든 곳이 다 본향이다. 결코 우리가 나그네로 살 수 없는 이유가 여기에 있다.

29 주인공主人公

주인공은 남을 주변으로 제쳐놓고 자신만 한가운데 독불장군처럼 배타적으로 세운 사람을 가리키는 말이 아니다. 그는 남을 배제한 '차별'과 '단절'로서의 주인공이 아니라 남과 하나가 된 '차이'와 '연속'으로서의 주인공인 것이다. 남과 하나가 된 주인공에게 남은 내 몸의 변주이다. 남이라는 말이 필요 없는 자리에 동체의식同體意識이 있고 일체一體인 우주가 있다. 동체의식과 일체감 속에서 자발적으로 우주 전체의 행복을 위해 헌신하는 자가 주인공이다. 한 번 더 말한다면 우주의식을 지니고 우주시민으로 사는 자가 주인공인 것이다. 그러니 주인공은 우주라는 큰 집의 안주인이다.

30 지도知道

길을 모르고 길을 가니 도처가 불안하다. 길 없는 곳으로 길을 떠나니 도처가 막막하다. 학교는 왜 학생들에게 길을 가르치지 않나. 학교는 아이들에게 길 가는 수단을 가르칠 뿐, 길 자체에 대해선 가르치지 않는다. 그리하여 때로는 세련되고, 때로는 무시무시한 도구를 손에 쥔 고학력자들이 길 없는 길에서 우왕좌왕한다. 다행히 홀로 길을 터득하고 겨우 안정한 사람들은 아침에 도를 들으면 저녁에 죽어도 좋다는 공자님의 말씀 앞에서 뒤늦게 전율한다. 지도知道든 득도得道든, 도는 죽음조차 두려워하지 않게 만드는 밝은 빛이니, 일찍 알면 알수록 길 위의 방랑자가 줄어들 것이다. 방황자가 줄어들 것이다.

31 도심道心

도심은 우주심宇宙心이고 공심公心이다. 사私와 사邪와 잡雜이 없어진 마음이다. 마음에서 이들을 거둬내면 존재는 자연스럽게 도심의 몸이 된다. 도심은 공심空心이기도 하다. 그 공심은 언제나 우주율과 합일한다. 공심인 도심 속에서 삶도 세계도 순행順行한다. 모든 것이 순탄하고, 순조롭고, 순정해지는 것이다.

32 중심中心

중中은 소용돌이의 중심 같은 센터가 아니다. 중은 종합적인 균형을 낳고 센터는 독존의 자기중심주의를 낳는다. 중의 마음을 지닌 자는 평화로우나 자기중심주의의 삶을 사는 사람은 위태롭다. 곳곳에서 중의 마음인 참다운 중심이 깨어져 수많은 삶과 인생들이 회오리바람처럼 소란하다. 격랑 같은 물살 위를 모험하듯 걷고 있다. 중심주의는 그것이 무엇이든 블랙홀과 같다. 블랙홀에 빠져 익사하기 전에 중도의 마음을 찾아야 한다. 제정신을 차려야 하는 것이다.

33 인과법因果法 1

인과법은 정확하고 정직하고 공정하다. 어리석은 자만이 우연과 요행을 믿거나 꿈꾼다. 콩을 심으면 콩이 나고, 팥을 심으면 팥이 난다는 것은 상식 아닌가. 상식은 오래된 진실이다. 그 오래된 진실을 '법法'이라고, '경經'이라고 불러본다.

34 인과법因果法 2

1밀리미터의 오차도 없다는 게 인과법이고 『인과경因果經』의 전제이자 결론이다. 우리가 알지 못할 뿐 세상은 인과의 장場이라는 것이다. 내가 모른다고 그 무엇이 존재하지 않는 것은 아닌 것처럼, 우리가 모른다고 인과의 세계가 없는 것은 아닐 것이다. 우리는 매순간 무슨 인因을 심고, 무슨 연을 만나며, 무슨 과果를 얻고 있는 것일까? 인연과 인연이 얽히고 맺어져서 만드는 스트럭쳐를 스캐닝할 수는 없을까? 스트럭쳐를 보여주는 데는 인색한 세상이지만 그냥 인과법을 믿는 소박한 마음으로 살아본다. 인과법은 정확하고 정직하고 공정하다니, 걱정 않고 선인善因을 심고자 노력해본다. 정확하고 정직하고 공정한 법 앞에 선 아무 걱정할 필요가 없으니, 선연善緣이나 찾고자 애써본다.

35 인과법因果法 3

우주법은 공정한데 공정하지 않은 것은 나뿐이다. 주지는 않고 받으려는 마음, 나는 있는데 너는 없기를 바라는 마음, 나라는 생각을 내면서 네가 나이기를 바라는 마음, 나는 이익을 보고 싶은데 너는 손해를 보라고 주장하는 마음, 나는 사랑받고 싶은데 너는 사랑하라고 요청하는 마음, 이런 모든 것들은 내 쪽에서 저지른 불공정 거래의 시작이다.

공정거래위원회는 언제든 있어야겠다. 세속의 공정거래위원회도 있어야겠지만 인과법이야말로 이 우주의 대표적인 공정거래위원회이다.

36 출가出家 1

출가出家를 자꾸 가출家出이라고 읽는다. 가출도, 출가도 다 집을 나가는 일이다. 집을 나간다는 것은 자유를 꿈꾼다는 것이다. 그러나 가출의 탈주가 개인적 자유를 지향한다면, 출가의 초월은 우주적 자유를 꿈꾼다. 우리 근, 현대 시인들의 꿈은 가출의 그것에 가깝다. 승려들의 우주적, 초월적 꿈에 비하면 지극히 인간적이고 시대적이고 제한적이다. 그것이 근, 현대 문인의 정신적 한계이자 시적 특성이고, 근, 현대 문학이 성취한 수준이다.

37 출가出家 2

신출가身出家도 어렵지만 심출가心出家는 더욱 어렵다. 재가자에게 신출가 대신 심출가를 하면 된다고 하는 말은 사람들에 대하여 많은 것을 포기한 자의 조언이다. 몸은 한나절 부릴 수 있어도 마음은 찰나도 부리기 어렵다. 몸은 물체이니 이삿짐 트럭에 싣고 나를 수 있어도 마음은 기체와 같으니 실어 나를 수도, 잡아 앉힐 도리도 없다. 출가의 유혹을 느끼고 나 자신이 삭발한 모습을 가끔 상상해본다. 어림없다. 일그러진 얼굴을 성형수술하려면 수만 생이 더 필요할 듯하다. 일그러진 얼굴도 이렇게 난감한 시간을 요구하는데, 제멋대로인 마음은 언제, 어떻게 제 모습을 복원하나?

38 참선參禪

대상을 버린다. 이미지를 버린다. 생각을 버린다. 느낌을 버린다. 의지도 버린다. 판별도 버린다. 다 버린다. 버릴 수 있는 것은 다 떠나보낸다. 허공뿐인 몸, 허공뿐인 우주가 된다. 아무도 살지 않는 빈집에 거주한다. 모든 것을 떠나보낸 허공 속의 몸이 가을바람 같다. 습기도, 무게도, 온도도, 색깔도 없는 가을하늘 같다. 그 가을바람과 가을하늘 같은 마음에 세상이 깃들게 한다. 소소영영昭昭靈靈한 세계에 머물게 한다.

39 실상實相

실상이라는 말에 마음을 크게 줘서도 안 된다. 실상도 집착하면 환상이기 때문이다. 『금강경』에서 석가모니는 사랑하는 제자 수보리에게 설법한다. '약견제상비상若見諸相非相이면 즉견여래卽見如來'라고. 해석하자면 모든 상相이 상이 아님을 알면 그 즉시 여래를 보게 된다고 가르치고 있는 것이다. 여래는 실상이다. 여래는 불성이다. 여래는 진리이다. 여래를 보게 되면 삶은 다른 단계로 접어든다. 수많은 환상 때문에 악몽을 꾸거나 드잡이를 하는 일이 줄어든다.

40 석탄일 釋誕日

누구나 생일生日이 있다. 세속의 달력에서처럼 1년에 한 번씩 찾아오는 인간역사의 생일이 아니라 전생全生을 두고 딱 한 번 찾아오는 탄생일이 있다. 그날은 우리 모두가 이 사바세계로 몸과 마음을 낸 생신生身의 날이자 생심生心의 날이다. 몸을 내는 일도, 마음을 내는 일도 그 과업은 만만치 않다. 중생의 나라를 여행하는 길은 멀고 험하기 때문이다. 석가모니도 중생의 몸으로 이 땅에 왔다. 왕자라는 신분은 세속적 성공의 절정이다. 그러나 그 절정엔 그림자가 있다. 세속적 성공은 유루복有漏福이기 때문이다. 석가모니의 진정한 탄생은 그러므로 탄생일이 아니라 성도일成道日이 될 것이다. 성도는 석가모니가 그림자 없는 무루복無漏福을 성취한 날이기 때문이다. 그렇다면 우리 같은 범부는 언제 다시 온전하게 태어나 무루복의 생일을 만날 수 있을까? 성도일 같은 부활절을 언제쯤 맞이할 수 있을까?

41 법신法身

법신은 법의 몸이다. 세속사회에도 법이 있지만 우주계에도 법이 있다. 법이 몸을 지닐 때 그것은 구체具體가 된다. 만해가 그의 명작「알 수 없어요」에서 반복하여 간절한 어조로 질문을 한 것은 구체적 법신의 현현을 말하기 위해서였다. 가령 이 시의 첫 구절에서 "바람도 없는 하늘에 수직의 파문을 내이며 고요히 떨어지는 오동잎은 누구의 발자취입니까?"라고 시인이 물었을 때, 그 누구는 바로 법신이다. 우주 전역에, 극미의 세계에서 극대의 세계에 이르기까지 온통 법신들이 가득하다. 눈이 어두워 보지 못할 뿐, 세상은 처처가 법신이다. 그런 법신을 보고 있는 우리도 법신이기는 마찬가지이다.

42 무심無心

충청북도 청주시를 가로지르는 큰 내가 무심천이다. 사람들은 이 무심천을 무심천無深川이라 쓰기도 하고, 무심천無心川이라 쓰기도 한다. 무심천無深川이란 말은 수심을 알 수 없다고 해독되니 그윽하고, 무심천無心川은 사심이 없다고 읽게 되니 밝아진다. 무심無心은 객을 향하여 나라는 생각을 내지 않는 마음이다. 나의 아상我相을 드러내지 않는 마음이다. 탁한 한 생각 일으키지 않는 평평한 세계이다. 사람이 깊어지면 무심無心해진다. 무심無深이 무심無心이 된다. 깊이의 해저는 오늘도 아무 일 없어, 파도의 부침과 무관하다. 무심無深 속에 무심無心이 있는 것이다.

43 고제苦諦

불교의 전제는 생이란 본래 고苦가 아닌데 무명의 인간들에 의하여 고해苦海가 된다는 것이다. 그래서 고해인 인생을 고제苦諦라 부른다. 고제란 '고라는 진리'라는 뜻이다. 생은 왜 고제라 불릴 만큼 고통스러울까? 고苦란 무엇인가? 앞서 잠시 비추었듯이 내가 있고, 내가 옳다는 무명의 과업이 고이다. 내가 있고, 내가 옳다고 하는 순간, 우리는 생로병사의 길을 간다. 다시 말하면 갈애渴愛의 종이 된다. 이 나를, 나란 생각을 어찌할 것인가. 부정하면 싫어하고, 억압하면 보복하는 이 나를 어떻게 달랠 것인가. 한 가지 방법이 있다. 나를 초월하는 것이다. 그 초월은 도피가 아니라 나를 시간적 무한과 공간적 무변으로 확대시켜 우주와 한 몸이 되게 하는 것이다. 그러면 있지도 않고, 옳지도 않은 내가 되니, 그 내가 생로병사의 길을 쫓기듯 갈 리가 없다. 그 생사윤회의 길에서 정신적 갈애로 허덕일 일도 없다. 그러면 무엇만이 있는가. 나지도 죽지도 않는, 얻을 것도 구할 것도 없는 우주적 삶이 있을 뿐이다. 그저 여여한 우주적 에너지의 흐름이 있을 뿐이다.

44 불생불멸不生不滅

나지도 죽지도 않는다니, 이런 일이 있을 수 있을까? 태어났으니 죽는다든지, 태어나지 않았다면 죽는 일도 없을 것이라는 말은 상식적이다. 그러나 나지도 죽지도 않는다는 말은 다른 차원의 이해를 요구한다. 나지도 죽지도 않을 때, 우리는 생사윤회를 멈춘다. '나'라는 마음을 내지 않으면, 우리는 태어나지 않는다. 존재하되 존재하지 않는 무아無我가 된다. '나'라는 에고를 넘어섰을 때, 우리는 죽음이란 이름을 알지 못한다. 죽었으되 죽지 않는 대아大我가 된다. 불생불멸의 중도적中道的 삶만이 영원이란 이름도 만들지 않고 영원처럼 계속될 뿐이다.

45 해탈解脫

"해탈도 내겐 배탈이다"라고 시인 장경린은 그의 시 「이반 데니소비치의 하루」에서 썼다. 해탈에의 욕구보다 더 큰 욕구가 이 땅에 없음을 상기한다면 이 말에 깊은 공감을 할 것이다. 장경린에게 해탈에의 욕망은 삶을 과식한 표상으로 다가온다. 해탈조차 중생심의 통로로 사용하고자 한다면 해탈은 분명 최고의 과욕이자 과식이 될 것이다.

해탈은 욕망으로 성취되지 않는다. 해탈은 욕망 이전의 세계이거나 욕망 이후의 자리이다. 욕망이라는 말조차 떠오르지 않을 때 해탈은 공기처럼 내 안에 이미 와 있다. '나'를 의식하지 않을 때 해탈은 형태 없이 나의 삶 그 자체가 된다. 그러나 이렇게 말은 하지만, 이 일이 언제 내 안에서, 그리고 당신의 삶 안에서 구현될 수 있으려나.

46 도량道場

물리적, 기하학적 공간은 사람들의 마음과 삶에 의해 구체적인 '장소'가 된다. 동일한 공간일지라도 거기서 누가 어떤 마음으로 무엇을 했는지에 따라 다른 장소가 탄생된다. 인간에 의해 탄생된 장소 가운데 최고의 장소는 도량이다. 불가佛家에서 도량으로 읽는 이 '도량道場'은 도심道心이 살아 숨 쉬는 공간이다. 도심이 살아 숨 쉬는 공간은 청정하다. 청정한 사람이, 청정한 마음의 것들을, 청정한 사람과 청정하게 주고받는 장소이기 때문이다. 청정하다는 것은 나라는 사심을 내지 않은 마음 없음의 상태이다. 우주심, 우주율, 영성, 공심, 불성, 성령 등과 하나가 된 상태이다. 우리가 사는 모든 곳이 이런 도량으로 거듭났으면 좋겠다. 도량은 최고의 생태적 공간이자 세계이다. 이제는 생태학도 이쯤의 차원에서 논의되어야 할 것이다.

47 유식唯識

만사가 오직 식識일 뿐이다. 그야말로 업식業識일 뿐이다. 무엇이 식이자 업식일 뿐이라는 것인가. 유식론의 저 팔식八識인 아뢰야식의 아랫자리인 자성청정심의 세계에서 오는 것이 아니면, 모든 것은 만들어진 식識으로서의 업식에 불과하다는 것이다. 여기서 식은 인식론의 식이다. 그러니까 자성청정심을 떠난 모든 식은 주관적이며, 심하게 말하면 인지장애의 한 형태이다. 흔히 말하는 환幻에 지나지 않는다. 그런데도 오직 자신과 인간의 식이 최고라고 믿으며 '유식有識' 함을 추구하는 강력하고 거대한 유식의 역사가 오랫동안 계속되고 있다. 모든 것이 환幻으로서의 식識임을 절감할 때, 무거웠던 우리들의 삶은 한결 가벼워진다. 인생이 조금 더 부드러워지고 투명해진다. 그러면서 나날은 더욱 조촐하고 단순해진다.

48 아뢰야식阿賴耶識

아뢰야식은 업종자業種子의 저장고이다. 저장고의 모든 씨앗은 발아되기를 기다리고 있다. 구석기 시대의 씨앗이 대지라는 저장고에서 긴 시간을 살아낸 후 최근에 드디어 발아되었다는 소식도 들린다. 그러니 안 보인다고 해서 없는 것은 아니다. 조용하다고 해서 죽어 있는 것도 아니다. 내 몸 안의 업종자를 생각하면 자다가 벌떡 일어나 살펴봐도 갈 길이 너무 멀다. 이런 처지이니 밤낮으로 자신을 닦고자 하여도 긴 시간 동안 내 몸의 업종자가 빚어내는 몸무게는 줄 것 같지 않다.

49 육도윤회 六道輪廻

나는 지금 어디에 있는가. 나는 무엇을 하고 있는가. 누구도 답을 가르쳐주지 않는(못하는) 이 물음을 앞에 두고 육도윤회의 현장이라는 말을 떠올려본다. 그렇구나. 아 그래서 그렇구나. 천상, 인간, 아수라, 축생, 아귀, 지옥의 여섯 가지 세계가 윤회하는 현장에 지금 내가 있는 것이구나. 나는 인간의 몸을 받았다고 하나, 내 속엔 인간의 속성을 포함한 다른 다섯 가지 씨앗도 함께 들어 있는 것이구나. 하루에도 이 여섯 가지 세계를 오고가며 분주하게 사는 게 인생이고 현실이다. 가장 멀다는 천상과 지옥 사이를 오고가는 데에 채 5분도 안 걸리는 분주한 인생이고 현실이다. 안목 있는 자들은 사람의 몸을 받았을 때 크게 도약하라고 조언하는데, 도약은 안 되고 책만 사들이거나 생각만 많아지니 걱정이다. 그렇더라도 무거운 책을 오래 읽고, 생각에 생각을 거듭하다 보면 내 몸에도 불현듯 날개가 돋아날까. 그럴지도 모른다는 막연하나 긍정적인 기대 속에서 부지런히 책장을 넘기고 반조의 시간을 가져본다.

50 업적業績

한 15년쯤 전부터일까. 교수업적 자료집을 만드느니, 교수업적 평가를 한다느니 하며 해마다 그간의 업적을 적어내란다. 업적이라는 말을 들을 때마다 낯설다. 논문 한두 편이 무슨 대단한 업적이 될까, 내가 쓴 논문이 모두 카르마의 누적물에 지나지 않는 것은 아닐까, 하는 생각이 사라지지 않기 때문이다. 그러나 업의 총량에 따라 월급을 주는 세상에서 업을 피해 밥을 벌 도리가 거의 없다. 올해도 업적란에 1년간의 업을 자술서 쓰듯 적어 넣으면서 세상사람 모두가 가진 직업職業(업을 맡음)의 의미를 떠올려본다. 하기야 내가 쓴 모든 논문이 인식 주체의 유구한 주관적 업식業識의 기록물에 지나지 않으니, 업적이란 말은 실상을 정확히 드러낸 것이 아닐 수 없다. 업적을 쌓느라고 사람들이 한밤에도 집으로 돌아가지 않고 일을 한다. 대학의 연구실에서도 젊은이는 물론 노교수까지 불을 켜고 책을 읽는 소리가 늦게까지 들린다.

51 견성見性

성性을 보았느냐, 못 보았느냐 하는 것이 문제이다. 그렇다면 무엇이 성性인가. 본바탕인 성을 직지直指하기도, 그것에 직입하기도 쉽지 않다. 『반야심경』의 첫 부분엔 관자재觀自在보살이 반야般若바라밀다를 깊이 행하다가 오온五蘊이 모두 공空인 것을 보고 일체의 고액苦厄을 넘어서게 되었다는 구절이 나온다. 이 말은 세상과 존재의 환유로 쓰인 오온이 실은 모두가 다 공空이며 그것을 보았을 때 비로소 고액으로부터 벗어날 수 있다는 것이다. 핵심은 공인 성을 보느냐 하는 문제이다. 근원도, 형태도, 머묾도 없는 허공인 공성의 세계를 보았느냐 하는 것이다. 허공인 진공의 공성을 보았을 때 우리는 '활동하는 무無'로 살 수 있다. 그리고 성불의 가능성도 지닐 수 있다. 일대사인연一大事因緣이 해결된 것이다.

52 성불成佛

견성見性을 해야 성불이 가능하다. 그래서 견성성불見性成佛이라고 함께 붙여 쓰기도 한다. 성불은 공성空性인 불성佛性과의 만남이기도 하지만, 석가모니 부처님처럼 생불生佛이 되어 처처處處를 도량으로 만드는 일이기도 하다. 그래서일까. 성불이라는 말에선 지혜의 맑은 기운과 더불어 따스한 대승의 냄새가 전해진다. 이 사바세계에서 마음껏 쓰이는 몸의 작용 혹은 그 기능으로서의 구체성이 느껴지는 것이다. 오도송悟道頌을 불렀다고 성불을 보장하는 것이 아닌 것처럼, 성불의 현장성은 4법계의 최고 단계인 '사사무애事事無碍'의 경지에 도달하기를 원한다. 견성성불이라는 말이 가져다는 주는 한계와 오해를 넘어서기 위해, 동사섭 수행을 주도하는 용타 스님은 용심성불用心成佛이라는 말을 쓰고 있다. 그러고 보면 견성보다 용심이 어렵다. 마음은 늘 길들지 않은 망아지처럼 천방지축이니 어느 세월에 마음을 길들여 바른 용심을 할 수 있을까. 까마득한 길이지만 그 길에의 그리움이 갈증처럼 사라지지 않는다.

53 염불念佛

일념一念으로 불성과 부처님을 생각하면, 생 전체가 불성이 되고 부처가 된다. 연인을 매일 그리듯, 불성과 부처님을 무시무종無始無終 그리면, 그가 내 존재의 주인이 된다. 불성과 부처님은 어디 계신가. 수많은 경전과 선지식들이 말했듯 그들은 먼 곳에 있지 않고 '여기'에, 내 몸 안에 있다. 그렇다면 세속의 연인은 어디에 있는가. 그들은 '저기'에 있고, 연인의 집에 있다. 불성과 부처님이 내가 되는 것이라면, 연인과 연애는 상대를 되게 하는 것이다. 내가 염불에 성공하면 나는 무아의 세계 자체가 된다. 그러나 내가 연애에 성공하면 나는 아상이 높은 연인의 포섭자가 된다.

54 여여 如如

여여란 변함이 없다는 뜻이다. 늘 한결같다는 뜻이다. 여여의 세계를 떠올리면 거품처럼 일어나던 소란이 불현듯 가라앉는다. 바다의 심층처럼, 지구의 자전과 공전처럼, 매일 찾아오는 아침처럼 세상의 무사함이 모든 걸 '필터링' 해주는 것이다. 여여한 세계에 몸을 맡기면, 그지없는 평온이 무엇인지를 알게 된다. 여여한 세계가 내 몸 속에 깃들어 있음을 깨닫게 되면, 나도 세계의 여여함에 무심으로 박자를 맞추게 된다. 오늘 아침 내가 일어난 것도 여여한 것이요, 지금 내가 숨을 쉬고 있는 것도 여여한 것이며, 덥다고 찬물을 찾는 마음도 여여한 것이다. 여여함이 9할 이상인데 왜 인생은 늘 불안정할까. 1할도 안 되는 생의 표면적 동요 속에서 하루가 가고, 생이 저무는 것은 억울하지 않은가. 여여함은 존재의 뿌리이자 심층이다. 뿌리를 매만지고 심층에 마음의 주파수를 맞추며 심해처럼 묵묵하고 담담한 생을 열어갈 일이다.

55 무염 無染 1

세상이 온통 '컬러풀' 하다. 색色의 나라가 절정에 이른 듯하다. 머리 끝부터 발끝까지, 동쪽부터 서쪽까지, 표면부터 오지까지 색의 나라 아닌 곳이 없고, 색의 지배영역 아닌 곳이 없다. 물든 세상에서 물들지 않은 곳을 찾아 촌사람처럼 두리번거린다. 색의 나라에서 무색의 나라를 그리워하며 기린처럼 마음의 고개를 들어본다. 그러면서 내 몸을 참회하듯 진단해본다. 내 몸은 어느 수위까지 물이 든 것일까. 또한 내 몸은 어느 안쪽까지 색이 배어버린 것일까. 욕조에 맑은 물을 받아놓고 며칠간 몸을 담가본다. 연일 유색이다. 창문을 열어놓고 탈색을 시켜본다. 여전히 진한 빛이다. 어떻게 하면 영혼까지 하얗게 탈색을 할 수 있을까. 어떻게 하면 머릿속까지 말갛게 헹궈낼 수 있을까.

56 무염無染 2

집착하면 순간 물이 든다. '나'라고 발음하면 순간 물이 배인다. 하늘을 바라보며 사심을 내면 몸은 하늘색이 되고, 금불상을 보고 사심을 내면 존재는 황금색이 된다. 지나가는 자동차를 보고 사심을 내면 자동차가 들어와 앉고, 흘러가는 개울물을 바라보고 사심을 내면 개울물이 주인으로 행세한다. 고추를 따고 저녁 늦게 돌아온 장년 부부의 몸이 진홍색이다. 오이를 따다 팔고 돌아온 할머니의 얼굴이 진녹색이다. 흰 티셔츠를 팔고 돌아온 아저씨의 얼굴이 새하얗다. 열심히 살았지만 그들 역시 무의식중에 물든 표정들이다. 고추, 오이, 흰 티셔츠 등의 경계가 이들을 사로잡은 까닭이다. 사로잡힌 표정은 뜨겁다. 열심熱心이 공심公心의 지원을 받지 못했기 때문이다.

57 색즉시공色卽是空 공즉시색空卽是色

만해를 배우는 시간에, 이 땅의 대한민국 고등학생들은 일제히 어려운 사상의 세계로 들어 올려진다. 만해의 대표작 「님의 침묵」엔 색즉시공이요 공즉시색이라는 불교의 철학이 체화되어 있다는 것을 배우는 것이다. 참 어려운 말을 의심 없이 받아 적고 외우면서 무사히 시험도 통과한 경험을 우리는 공유하고 있다. 그러나 나이 들어 되새겨도 이 말의 심층은 쉽게 증득證得되지 않는다. 있음을 없음이라 말하고, 없음을 있음이라 말하는 역설적 은유의 극단을 따라가기엔 우리의 시야가 너무 좁고 얕다. 그러니 시야를 넓고 깊게 하는 일이 급선무이다. 육안肉眼이 아닌 심안心眼을 떠야 하는 것이다.

58 전도몽상顚倒夢想

무엇이 진실인가. 『시와 진실』이라는 책도 있고, 최진실이라는 이름도 있고, 진실공인중개사라는 간판도 있으며, 〈진실〉이라는 드라마도 있다. 진리가 너희를 자유롭게 하리라는 예수님의 말씀처럼 진리 혹은 진실을 알게 되면 그 즉시 자유가 축복처럼 하늘에서 쏟아진다. 『반야심경』엔 반야바라밀다에 의하여 세상을 보면, 장애물도, 공포도, 전도몽상도 떠나 '열반'에 들 수 있다고 하였다. 여기서 열반은 '대자유'이자 진리의 결과물이다. 반야지를 증득하면 나도, 세상도 아무 일이 없다. 그러나 단견의 범부중생이 어찌 반야지를 알겠는가. 우리의 대부분의 나날은 분별지로 어수선하게 움직인다. 분별지가 낳은 장애와 공포와 전도몽상 속에서 한 세상이 불난 집처럼 펼쳐지는 것이다. 모든 것이 일이고, 모든 것이 불안하고, 모든 것이 실상 밖의 꿈인 속박된 삶이 끝도 없이 이어지는 것이다. 자승자박自繩自縛이라는 말은 누가 만들었나. 아무도 탓할 것 없는 세상에서 자승자박의 인간들이 무리지어 잠을 이루지 못하고 있다. 이상의 말처럼 '치유를 기다리는 무병無病'이 세상에 가득하다.

59 불립문자不立文字 1

참마음이 빠진 문자엔 생명감이 없다. 참마음 없이 쓴 문자는 전달될 수도 없다. 문자에 참마음이 실려야만 문자는 피어난다. 마음이 방전되듯 충전력을 잃은 언어가 난무한다. 하기야 방전돼 무력한 언어가 삿된 언어보다는 무해하다. 사심邪心이 담긴 언어도, 사심私心이 춤추는 언어도 독소가 너무 심하다. 사심邪心과 사심私心 위에 잡심雜心까지 끼어든 언어는 도적처럼 세상을 후퇴시킨다.

60 불립문자不立文字 2

언어는 존재의 연장延長이다. 모든 사람들이 자신을 말한 몸인 것이다. 몸인 언어는 연장의 취약성을 갖긴 하여도 역시 몸임에는 틀림없다. 그러니 문자를 버릴 일은 아니다. 어떻게 몸인 언어를 진신眞身처럼 구사하느냐가 문제이다. 참말은 참마음이다. 참마음은 진신을 낳는다.

61 교외별전敎外別傳

우리가 지은 구업口業의 총량은 얼마나 될까. 그동안 쏟아낸 말들이 수미산보다 커서 할 말이 없다. 말더미에서, 말무덤을 만들며, 말싸움을 하다 보니 생의 저녁 무렵이다. 패총과 같은 '언총言塚' 만을 남기고 저녁 잠자리로 향하는 발걸음이 무겁다. 그나저나 밤 시간만이라도 언쟁 없는 고요가 깃들어야 할 텐데 몽중취언夢中醉言 같은 잠꼬대가 자주 따라붙는다. 그리고 보면 묵언黙言이라는 말도 너무 부담스럽다. 언어를 통째로 넘어서는 일이 그리울 뿐이다.

62 직지인심直指人心 1

직입直入해야 한다. 침술사의 직입으로 어혈이 풀리듯, 우물 파기의 핵심이 수맥으로의 직입에 있듯이, 마음의 본질로 직입해야만 밝아질 수 있다. 직입의 조건은 순일純一함이다. 순일하지 않으면 늘 과녁에서 벗어나 주변을 겉돈다. 심부름 가다 노느라고 목적을 잃은 사람처럼, 꿩 잡으러 가다 주막에 앉아 있는 사람처럼, 내가 왜 세상에 왔는지를 망각하고 겉도는 것이다. 망념妄念은 직입의 적이다. 미혹迷惑도 직입의 적이다. 선정의 몰입처럼 핵심을 사랑해야 세계가 열린다.

63 직지인심直指人心 2

직지直指, 직지심체요절直指心體要節, 백운화상초록불조직지심체요절 白雲和尙抄錄佛祖直指心體要節, 이것은 모두 같은 말이다. 선禪의 요체를 깨닫게 하는 데 그 뜻이 있는 이 책은 우리 학교가 있는 청주시의 흥덕사에서 세계 최초(1377년)의 금속활자로 간행된 문화적 보물이다. 흥덕사 터엔 고古인쇄박물관이 아담하게 들어서 있다. 그러나 직지라는 이름은 청주시의 '이미지메이킹 브랜드'가 되어 주유소의 만국기처럼 함부로 펄럭인다. 먼지를 뽀얗게 뒤집어쓴 시내버스가 매연을 뿜으며 옆구리에 '직지' 광고를 달고 내달린다. 치킨점도, 한의원도, 운수회사도 직지를 앞세워 이름을 짓고, 포장된 쌀 포대에도 직지 문양이 선명하다. 직지의 회향回向 치고는 어색하고 씁쓸하다. 직지조차 시장과 거리에서 도구화되는 현실이 민망하다.

64 무상정등각 無上正等覺

무상정등각無上正等覺은 아뇩다라삼먁삼보리의 풀이말이다. '위 없는 바른 깨달음'이란 뜻이다. 이 최고의 깨달음은 어떻게 가능할까. 『반야심경』은 반야바라밀다에 의하여 가능하다고 이야기한다. 삼세제불三世諸佛도 이 반야바라밀다에 의하여 무상정등각을 얻었다는 것이다. 삼세제불처럼 반야바라밀다에 의거하여 무상정등각에 이르는 것을 초등학교 학생기록부의 '장래 희망란'에 고딕체로 써넣으면 어떨까. 대통령도, 과학자도 다 무상정득각에 이르기 위한 수행의 길이라고 여기는 세상이 다가오면 어떨까. 내친 김에 수행으로서의 삶, 수행으로서의 일상, 수행으로서의 직업, 수행으로서의 글쓰기를 구현하자고 제안해보면 어떨까. 비본질적인 것에 목숨 걸며 낭비되는 삶이 안타까워 허황한 듯한 제안을 내놓는다.

65 유루복 有漏福

내가 아는 어느 중국인 교수의 애완견 두 마리의 이름은 각각 내복來福과 내부來富이다. 애완견 이름까지 이렇게 짓는 것은 너무 노골적이지 않은가 하는 생각이 들기도 한다. 우리나라 사람들 이름에도 복福자나 부富자가 애용된다. 특히 복福자의 사용은 그러하다. 복순福順이, 복자福子, 복남福男이, 복식福植이, 영복榮福이, 성복成福이, 이런 이름들이 주변에 적지 않은 것이다. 다 복 받고 잘 살라는 마음의 표상이다. 그러나 범부대중의 복은 청복淸福보다 열복熱福 쪽에, 무루복無漏福보다 유루복有漏福 쪽에 기울어져 있다. 이유야 어찌 되었든 나나 나와 동일시되는 것들에게 이로움이 찾아왔으면 좋겠다는 마음의 작용이다. 문제는 이런 복들이 그림자를 안고 있다는 점이다. 모든 중생심의 성공은 성공의 높이만큼 그림자도 진하게 지니고 있다. 그러므로 중생심이 보살심으로 바뀌지 않는다면 성공은 언제든지 화근禍根이 될 수 있다. 돈 때문에 망했다는 사람, 권력 때문에 버렸다는 사람, 명예 때문에 우스워졌다는 사람이 주변에 너무나 많다.

66 무루복無漏福

복이 어떻게 화근禍根이 되지 않게 할 수 있을까. 돈, 권력, 명예, 지식, 건강, 이런 것들을 어떻게 하면 선용善用할 수 있을까. 사심 없이, 구하는 바와 바라는 바 없이 이들을 쓰면 되는 것이다. 이 세상에서 얻을 것이 없다는 무소득無所得의 진리를 알고 사용하면 되는 것이다. 그러면 복 자체에 그림자가 깃들 여지가 없어진다. 그림자란 이기심의 찌꺼기이지 않은가. 돈이 있어서 오히려 큰 인격자가 된 사람, 권력이 있어서 많은 사람을 살려낸 사람, 명예를 통해 세상을 밝힌 사람, 지식으로 참사람을 길러낸 사람, 건강한 신체로 세상의 안전을 가져온 사람, 이런 사람들의 이야기가 다 유루복을 무루복으로 전환시킨 경우가 아닌가. 배광背光이 없는 유루복을 둘레가 환한 무루복으로, 시기심의 대상인 열복熱福을 존경심의 대상인 청복淸福으로 바꾸는 데는 일심一心의 다른 이름인 공심公心이자 공심空心만큼 훌륭한 묘약이 따로 없다. 복과 기복의 저변에 있는 마음을 늘 어린이 돌보듯 신중하게 돌보아야 할 때이다.

67 빈자일등貧者一燈 1

빈자라는 말을 오해하면 안 된다. 돈이나 재산의 물리적 과다가 빈부를 나누는 기준일 수는 없기 때문이다. 법상法相 스님의 말처럼 부자도 부에 집착하지 않으면 청빈자淸貧者요, 가난한 자도 부에 집착하면 탁부자濁富者다. 문제는 집착 여부이다. 이기심을 얼마나 내어 휘두르느냐 하는 것이 문제이다. 그러므로 진정한 청빈자의 마음이 살아 움직이지 않으면 부도, 가난도 장애가 되고 흉기가 된다. 부 때문에 사람 버린 경우도 적지 않지만, 가난 때문에 사람 망친 경우도 비일비재하다. 중생의 마음으론 부도, 가난도 다같이 다스리기가 만만치 않다.

68 빈자일등貧者一燈 2

절마다 연등燃燈이 넘쳐난다. 의심하지 않기로 한다. 빈자일등의 심정으로 등을 달았으리라, 빈자의 마음으로 불을 켰으리라 생각한다. 그러나 등마다 적힌 소원이 너무 소아적이다. 가족 울타리와 유루복을 넘어서지 못한 소원들의 동어반복이 난무하다. 가족건강, 대입합격, 승진기원, 사업번창, 연애성공 등의 문구가 복사한 듯 둥근 연꽃 등에 동일하게 쓰여 있다. 이런 배타적 가족애와 유루복을 넘어선 소원과 기원은 언제쯤 말해질 수 있을까. 그야말로 욕망이 아닌 원력이 언제쯤 우리의 마음에서 우러날 수 있을까. 청빈자의 심정으로 불을 밝혀야 영생하듯 밝음이 이어진다는데, 그런 소아적 소원이 얼마나 효과가 있을까.

69 경계境界 1

경계는 나의 주관적 분별심과 시비심이 대상화한 것이다. 그러므로 세상에 진정한 경계는 없고 내가 만들어낸 경계만이 존재한다. 경부고속도로 하행선을 달리다 이정표의 안성분기점을 인생분기점으로 읽고 액셀러레이터에서 슬그머니 발을 떼는 나, 길거리의 행복 익스프레스 간판을 행복 에스프레소로 읽고 커피집을 찾는 나, 도시 변두리 비하동의 비하다방을 바하다방이라 읽으며 예술 콤플렉스를 앓는 나, 대덕터

널을 대박터널로 오독하고 경멸감에 분노하며 공무원을 비난하는 나, 이 모두가 나로 인해 만들어진 경계들이다. 경계들은 한밤의 이불 속까지 찾아온다. 멀쩡한 집이 무너졌다고 꿈속에서 소리를 치기도 하고, 아무렇지도 않은 사람이 쓰러졌다고 현실인 양 꿈속에서 크게 울기도 한다. 그런가 하면 돼지꿈을 꾸었으니 로또를 사야겠다고 잠결에도 희망을 감추지 못하며 내일 아침을 기다린다.

70 경계境界 2

수많은 경계들을 만들고, 해석하고, 평가하는 데 생의 에너지가 크게 소모된다. 사람들은 이런 에너지의 소모를 두고 스트레스 받았다고, 사는 일이 힘들다고 말한다. 그러나 경계가 만들어지지 않는 날, 순順경계든 역逆경계든 차별 없이 다가오는 날, 우리들은 1000칼로리의 열량으로 2000칼로리의 일을 할 수 있다. 1000칼로리는 내가 식사한 남의 몸의 값이다. 나머지 1000칼로리는 여러분도 알다시피 우주율을 따른 천지의 보상이다.

71 불살생不殺生

모든 종교는 계戒를 갖고 있다. 모든 사회도 계를 갖고 있다. 한 나라의 법도, 한 민족의 도덕도 실은 계의 일종이다. 무수한 계들을 들춰봐도 핵심은 '불살생'에 있다. 불살생의 정신을 꼭짓점이자 중심점으로 하여 무수한 변주와 확대가 일어나고 있는 것이다. '생명을 죽이지 말라'는 소극적 표현은 '생명을 살리라'는 적극적 표현과 맞닿아 있다. 말할 것도 없이 여기서의 생명은 좁은 의미의 생명체뿐만 아니라 존재하는 모든 것을 의미한다. 그리고 육체적 생명만이 아니라 정신적 생명을 같이 뜻한다. 만약 우리가 무엇에 대면하여 행위의 옳고 그름을 알 수 없을 땐 계율책을 펴놓고 문자 그대로의 항목을 짚어가기보다 그 길이 생명을 살리는 길인지, 죽이는 길인지를 먼저 점검해보면 된다. 그것이 생명을 살리는 길에 있다면 아마도 행하고자 하는 어떤 행위든 계율에 어긋나지 않을 것이다. 살림의 마음은 살림의 길을 낳는다. 그리고 살림의 길은 생명들을 기르고 키운다. 그렇게 자란 생명들이 다시 살림의 마음을 내고 살림의 길을 만든다.

72 인연소기 因緣所起

12연기를 모르는 사람은 없을 것이다. 그렇다고 12연기를 잘 아는 사람도 거의 없을 것이다. 12연기의 핵심은 두 가지이다. 하나는 세상이 중중무진重重無盡의 연기적 관계로 이루어졌다는 것이며, 다른 하나는 연기의 근원은 무명無明에 있다는 것이다. 그러므로 중중무진의 연기적 세상을 이해하는 것과 무명을 밝히는 일이 급선무이다. 세상이 연기의 장이라는 사실은 분리되고 고정된 실체가 없다는 것이다. 무명을 밝힌다는 것은 '나' 라는 마음을 내지 않음으로써 이후의 인연과를 생生하지 않는다는 것이다. 오나가나 무명이 문젯거리다. 어찌해야 무명을 지혜로 바꿀 수 있을까. 잠시 켜놓은 촉수 낮은 심등心燈조차 바람만 한 번 불면 흔들리고 금세 수명을 다하고 어두워진다.

73 응무소주應無所住 이생기심而生其心

이 우주가 다 내 몸인데 특별히 어디에 머물 필요가 있을까. 우주가 다 내 몸인데 어느 것을 남달리 편애할 필요가 있을까. 우주가 다 내 몸인데 무엇만이 더 높다고 소리 높여 주장할 필요가 있을까. 우주가 다 내 몸인데 그것은 내 것이라고 싸움하듯 우길 필요가 있을까. 그럴 필요가 없다는 것이 '응무소주 이생기심' 의 뜻이다. 머무는 바 없이 마음을 낼 때, 그 공덕이 천하를 메우고도 남는다고 『금강경』은 가르쳐준다. 우리가 머무는 바 없이 마음을 낼 때, 우리의 몸 안에선 사랑을 품은 공의로움이 새벽기차처럼 가동되기 시작한다. 진정 머무는 바 없이 마음을 낼 때, 우리는 공부하지 않았어도 지혜로운 사람이 된다. 예수도, 석가모니도, 공자도, 우리가 사는 소읍의 존경받는 사람들도 다 이런 진리를 터득하고 실천한 이들이다. '응무소주 이생기심' 이 이루어지지 않을 때 사람들은 상대가 아무리 대단한 사회적, 경제적, 지적 지위를 가졌다 하더라도 자발적인 마음의 무릎까지 꿇고 그를 존경하지는 않는다. 마음의 무릎을 꿇는 일은 저절로 이루어지는 일이라서 돈도 권력도, 또 그 무엇도 그를 부릴 수가 없다. 이렇듯 세속적 도구로써 사람을 부릴 수 없는 영역이 우리 몸 안에 존재한다는 것은 얼마나 다행스러운 일인가.

74 만다라曼陀羅

한 인간의 몸이 꿈꾸는 놀라운 역동적 균형, 모든 생명이 꿈꾸는 신비한 역동적 균형, 온 우주가 함께 꿈꾸는 무심한 역동적 균형, 이것을 나는 만다라의 원천이자 궁극이라고 생각한다. 조화, 전일성, 온전함, 일체성, 일심, 이런 것들은 이미 우리의 몸속에 태초부터 존재해왔고, 그것을 지향하는 우리의 마음은 태초부터 지금까지 근원적이다. 우주법계 전체가 이 화엄적 화음和音을 출발점이자 도달점으로 삼고 있다. 티벳지역이나 인도지역을 여행하다 보면 사찰은 물론 거리마다 상점마다 가득한 것이 만다라 표상이다. 우리나라 태극기도 잘 보면 만다라 상이다. 우리 몸의 반지며 목걸이, 시계며 팔찌도 실은 둥근 만다라 상이다. 사람들이 그것을 오용하여 거래할 뿐이다. 그뿐인가, 하늘의 해와 달과 별들도, 땅의 꽃과 바다와 호수들도 모두가 원만圓滿함과 하나

됨을 구현한 만다라 상이다. 만다라 상은 한 번도 동일한 때가 없다. 만다라적 세상은 늘 움직이는 무상의 세계이기 때문이다.

75 수보리 須菩提

부처님의 10대 제자 가운데 한 사람인 수보리는 '해공제일解空第一'의 인물로 칭송된다. 공空이라는 삶의 비밀이자 우주의 문제를 푸는 데 수보리보다 탁월한 제자가 없는 것이다. 공은 수학의 영零을 닮기도 했다. 알다시피 영처럼 놀라운 숫자이자 세계가 어디 또 있을까. 0은 '아무것도 아니면서 모든 것'인 세계이다. 덧셈 뺄셈에서 영은 '아무것도 아닌 것'이 무엇인지를 무심하게 알려준다. 곱셈 나눗셈에서 영은 '모든 것인 것'이 무엇인지를 때로는 벼락처럼, 때로는 절망처럼 절감하게 만든다. 아무것도 아닌 'nothing'과 모든 것인 'all' 사이의 그 현기증 나는 거리를 제자리걸음하듯 무시로 오갈 수 있는 자가 해공제일의 수보리 존자이다. 그리고 그 방법을 다정하고 간절한 음성으로 알려준 선생님이 석가모니 부처님이다. 가까스로 무연중생에서 벗어난 나는 그들 덕택에 '공'의 근처에라도 맴돌 수 있게 되었다. 감사할 뿐이다.

76 대기설법 對機說法

대기설법이 가능하려면 먼저 말하는 것이 진리여야 한다. 진리만이 영원히 써도 다함이 없고, 어디에 써도 통용되지 않는 곳이 없기 때문이다. 그러므로 설법에서의 화법이라든지 기술 같은 것은 부차적이다. 방법과 전략 이전에 진리가 전제되어야 한다. 그런데 그 진리는 뼛속까지 체화된 것이어야 한다. 체화되지 않은 진리는 대기설법을 가능하게 할 수가 없다. 설법은 진리의 '택배'가 아니라 진리의 헌납임을 우리는 알고 있지 않은가. 대기설법의 요건은 여기서 끝나지 않는다. 진리의 체화가 성취되더라도 중생구제의 진심眞心이 없으면 대기설법은 불가능하다. 진심이 없는데 어떻게 참말을 전할 수 있단 말인가. 안타까움이 없는데 어떻게 진품을 안겨줄 수 있는가. 석가모니 부처님이 팔만사천 법문을 하신 것은 진리의 발견과 더불어 중생들에 대한 무한한 사랑과 연민 때문에 가능했던 것이다. 『금강경』의 수보리도 그런 부처님의 설법을 듣고 해공제일의 수제자가 될 수 있었던 것이다.

77 무설전 無說殿

법法은 설한다고 해서 새삼스럽게 존재하거나 생성되는 것이 아니다. 그렇다고 설하지 않는 것이 최선인 것만도 아니다. 법은 설하든 설하지 않든 묵묵망언默默忘言처럼 여여하게 존재하고 영원무궁처럼 무심하게 활동한다. 불국사 대웅전 뒤쪽에 의연하게 앉아 있는 대강당 현판에는 '무설전無說殿'이라고 쓰여 있다. 그 글자체조차 서예書藝와 서도書道를 함께 얻은 자의 것이어서 무설전의 속뜻은 한층 더 깊고 간절하다. 무설전이라는 이름 앞에 서니 소란스러웠던 내면의 언어들이 일시에 기절하듯 숨죽인다. 숨죽인 적막 위로 45년간 설법을 하고 나서도 단 한 마디 설한 바가 없다고 하신 부처님 말씀이 떠오른다. 무설전 안쪽으로 고개를 쭉 빼고 수학여행 온 학생들이 여기저기를 기웃거리며 쳐다본다. 그들도 설하되 설하지 않았다고 하는 선생과, 설한 것을 듣되 듣지 않았다고 하는 제자간의 차원 높은 풍경을 교실 속에서 연출할까. 모를 일이다. 부처님 같은 스승과 마하가섭 같은 수제자가 거기에도 있을 수 있을지 누가 알겠는가.

78 오도송悟道頌 1

오도悟道는 싹틈이다. 매미가 캄캄한 애벌레의 시간을 마감하듯, 누에가 막막한 고치의 시간을 뒤로 하듯, 밝은 세상으로의 나옴이다. 밝은 세상으로 나오는 순간 삶은 무명을 거둔다. 매미는 날개를 달고, 누에는 나비로 날고, 선승은 색色을 넘어 가벼워진다. 이런 밝은 빛을 직면하게 되는 찰나에 우리는 누구나 전율 속에서 감탄한다. 그 감탄의

순간에는 누구라도 주위에 있어야 한다. 그러나 출가한 선승의 토굴엔 아무도 없다. 그 아무도 없는 자리에서 할 수 있는 일이 무엇일까. 나는 생각한다. 오도송을 짓거나 부르는 일이 아니겠느냐고. 시가詩歌의 장점은 혼자서도 오랜 시간 놀 수가 있다는 점이다. 목소리만 있어도 노래가 가능하고, 몽당연필만 있어도 시쓰기는 가능하지 않은가. 오도송이야말로 이런 시가의 장점을 백분 발휘한 장르이자 현장의 언어이다.

79 오도송悟道頌 2

우리는 어머니의 캄캄한 자궁 속에 열 달간을 은거한다. 긴 은거의 시간이 끝난 후, 도저히 끝이 없을 것 같은 멀고 먼 산도産道를 몸 전체로 배밀이하듯 밀고 지나서 마침내 세상 속으로 나온다. 그 고행과 같은 여로의 시간 끝에, 빛이 보이는 이 세상을 대하고 처음으로 내놓는 최초의 언어이자 문장이 울음이다. 이 울음은 한 인간이 세상에 나와 부르는 오도송인지도 모른다. 그런 점에서 우리는 모두 오도송을 부른 자이다. 그러나 오도송과 성불의 거리가 가늠할 수 없는 무한이듯, 우리들의 성불의 길은 아득하기만 하다. 마음 한 끝을 바꾸면 그 자리가 그대로 성불의 처소라지만, 그 마음 한 끝은 바꾸자마자 그런 일 없다는 듯이 내일 아침이면 다시 제자리에 와 있다. 이 지독한 관성, 이 엄청난 업장, 이 끝없는 고행의 여정.

80 무연중생 無緣衆生

보려고 해야만 보이고, 들으려고 해야만 들린다. 마음을 내지 않으면 세상은 없는 것이나 마찬가지이다. 진리가 도처에 있다 하지만 보려고 하지 않으면 진리는 어디에도 없다. 진리가 소낙비처럼 쏟아진다고 하지만 들으려 하지 않으면 주파수는 늘 다른 곳에 맞추어져 있다. 진리와 인연이 없는 사람만큼 안타까운 경우가 또 있을까. 진리의 언저리나 맴도는 사람만큼 갈증나는 사람이 또 있을까. 그대나 나나 진리를 벗어난 곳에 무수히 화살을 쏘고 있다. 늘 빗나간다. 언제쯤 진리의 과녁을 쏘는 명수가 될 수 있을까. 무연중생의 그 아득한 절망감을 언제쯤 느끼지 않고 살아갈 수 있을까.

81 일미 一味

칼국수, 녹두전, 지지미 등을 파는 동네 음식점 이름이 '일미집'이다. 그전에 살던 동네에서는 갈비탕, 곰탕, 불고기 등을 파는 음식점 이름이 '진미정眞味亭'이었다. 그런데 아무래도 일미집이라는 이름이 진미정의 그것보다 한 수 위인 것 같다. '진眞'자보다는 '일一'자가 심플하고 수승하다. 복잡하기 그지없는 '진眞'자를 쓰려면 그 사이에도 마음이 몇 번이나 변덕을 부려야 하는지 모른다. 획수마다 달라지는 마음

상태를 걷잡을 수가 없다. 어쨌거나 우주삼라만상의 맛 가운데 최고의 맛이 일미라 한다. 하나의 맛, 한결같은 맛, 무봉無縫인 통째로의 맛, 일심의 맛, 우주법계 자체의 맛, 주객 너머의 일체의 맛, 그런 맛에 비하면 일그러지고 찌그러진 세속의 얼룩덜룩한 맛은 너무 협소하고, 너무 달콤하고, 너무 경박하고, 너무 애매하고, 지나치게 일시적이다. 독소라도 없으면 모르겠으나 이런 세속의 맛에는 반드시 발효되지 않은 독소가 원하지 않는 서비스 품목처럼 첨가물로 들어 있다. 맛을 잃은 이 시대에 일미의 맛 없는 맛을 맛보게 하여 맛의 혁명을 일으킬 수는 없을까. 일미가 아니면 먹지 않는 최초의 입맛과 순정한 삶을 회복시킬 수는 없을까. 그러나 숙고해보면 맛은 외부에서만 오지 않는다. 내 마음이 허정虛靜해야만 일미가 그 자리에서 무無가 유有가 되듯 살아난다.

82 심검당 尋劍堂

칼을 찾는 집이 심검당이다. 무서운 느낌이 든다. 얼마나 번뇌가 치성했으면 '칼'을 찾고 칼의 상상을 동원하게 되었을까. 칼 가운데 최고의 칼은 '반야검般若劍'이라고 한다. 온갖 칼을 숫돌에 갈아 무시로 들이대도 무딘 반야검의 한순간을 당할 길이 없다. 머리를 깎는다고 번뇌가 없어진다면 매일 머리를 깎으면 될 것이다. 군대 가는 젊은이도 머리를 깎지 않는가. 그의 머리에서도 푸른빛이 조금은 감돌지 않는가.

그러나 그것은 형식이고 수단일 뿐이다. 그렇다면 어찌해야 하나. 반야검을 마음속으로 갈고, 칼 다루기의 고수가 되어야 한다. 칼은 조금만 부주의하게 다루어도 상처를 만든다. 남은 물론 자신의 몸도 다치게 한다. 부엌에서 그 형편없는 칼로 야채를 썰다가도 몇 번씩 손을 베인 경험이 우리들에게 있다. 반야검도 부엌칼도 오용을 허락하지 않는다. 칼을 찾는 일도 중요하지만 칼을 다루는 일 또한 만만치 않은 것이다.

83 무정설법 無情說法

　유정有情이니 무정無情이니 하며 힘들게 가릴 게 없다. 유정도 무정도 한 몸이다. 이광수도 『무정』이라는 소설을 쓰더니 또 『유정』이라는 소설을 쓰지 않았는가. 물질이 일정한 수준에 오르면 생명이 되고, 생명이 일정한 수준에 임박하면 정신이 된다. 유정이 언어로 설법을 한다면 무정은 몸으로 설법을 한다. 인간이 문장으로 설법을 한다면 동물은 소리로 진리를 말한다. 무정도, 유정도, 인간도, 동물도, 본향은 원자의 세계이자 거대 우주 자체다. 인연 따라 현상이 다르게 나타났을 뿐이다. 그리고 보면 여름날 찾아온 잠자리가 무정설법을 하듯, 어제 저녁 잠자리에 깊이 들다 잠꼬대를 한 나도 무정설법을 행한 것이다. 그것을 듣느냐 듣지 못하느냐, 자각하느냐 자각하지 못하느냐 하는 것만이 남아 있을 뿐이다.

84 본래면목 本來面目

　내가 전공하고 있는 시는 본래면목을 찾기에 적합한 뗏목일까. 30여 년간 시라는 뗏목을 타고, 수많은 곳을 항해하였다. 더 정확히 말하자면 한국의 근, 현대 시인들이 만든 뗏목을 타고 이곳저곳을 겁도 없이 누비며 돌아다녔던 것이다. 그러나 그 항해가 방황이었는지 여행이었는지 모르겠다. 방황이었든 여행이었든 본래면목에 도달할 수만 있다면 그 뗏목은 쓸 만한 것이리라. 본래면목에 도달한 다음에는 또한 버릴 만한 뗏목이 될 수 있으리라. 가끔씩 시가 아닌 다른 뗏목을 타보고 싶다. 더 직입하는 지름길을 택해보고 싶다. 시라는 뗏목에 아상我相과 탐진치貪嗔癡의 냄새가 너무 강력하게 배어들 땐 뗏목이 거꾸로 발목을 잡기도 한다. 완행을 직행으로, 버스를 비행기로, 택시를 함선으로 바꾸어 타듯, 알맞은 환승역에서 다른 뗏목으로 탈것을 바꾸어 타는 그런 행운은 오지 않을까. 모를 일이다.

85 무유정법 無有定法

　정해진 법이 없다는 무유정법은 제법공상의 다른 이름이다. 성문법成文法에 익숙한 사람들로서는 도저히 이해하기 쉽지 않은 우주법이다. 한쪽에선 성문법에 통달하여 출세한 판, 검사가 되려고 고시원이 가득한데, 다른 한쪽에선 성문법 같은 것은 유아에게나 미치는 소아법小我法이라고 정처 없는 만행을 떠나는 사람이 있다. 말할 것도 없이 만행 중의 만행은 정신적 만행이다. 물리적 만행은 한계가 있지만 정신적 만행은 끝을 모르기 때문이다. 만행하는 이의 눈으로 보면 세상의 모든 존재는 값이 없다. 그런 점에서 모든 존재는 어떤 값도 부여받을 수 있다. 그리고 세상의 모든 존재는 값이 동일하다. 그런 점에서 세상의 모든 존재는 어느 시공간에도 자유롭게 머물 수 있다. 무유정법을 깨닫고 만행을 떠난 자에겐 경직된 성문법 대신 무상한 우주법이 어울린다. 어느 고승이 물건을 사게 되면 주머니에서 집히는 대로 돈을 내어주었다는 전승담이야말로 세지 않는 셈법, 값을 거부하는 가치의 세계가 실은 최고의 셈법이자 가치의 세계임을 알려준다.

86 일체一體

나는 바람이라고 하자. 그렇다면 바람은 나를 스쳐 무엇을 하고 있는 것일까. 나는 빗물이라고 하자. 그렇다면 하늘에서 내리는 비는 나를 적셔서 무엇을 하고자 하는 것일까. 나는 나무라 하자. 나무는 내 집 정원에 푸른 잎을 피우며 나와 무슨 하나됨을 느끼고 있는 것일까. 나는 꽃이라 하자. 나는 꽃을 사랑스런 눈으로 바라보지만 꽃은 나의 집 화단에 뿌리 내림으로써 무엇을 얻게 되는 것일까. 나는 풀벌레라 하자.

가을날 풀벌레 소리에 노래를 흥얼거리는 것은 나이지만 풀벌레는 내 노래 소리에서 무슨 이로움을 얻게 되는 것일까. 세계가 하나라는 말은 듣기에도 좋고, 깊고 넓게 직시하면 세계가 하나임은 분명한 듯하다. 그러나 우리는 서로 어떻게 의존되어 있는지 알기가 어렵다. 태양이 지구를 살게 하지만 태양에게 지구가 무슨 의미가 있는 것인지, 먼 별에서 날아온 빛으로 지구가 밝아지지만 지구가 그 별에 무슨 의미가 있는지 알기 어렵다. 그래도 태양과 지구와 뭇별은 모두 한 식구이다. 바람과 비와 나와 풀벌레도 한 식구이다. 우주를 떠나 달리 갈 곳이 없는 우리들은 그 까닭을 잘 모르지만 모두 함께 모여 우주를 이루고 있는 것이다.

87 이고득락 離苦得樂

이렇게 쓰고 보니 쾌락주의자의 목표 같다. 세속적 쾌락에는 두 가지가 있으니 하나는 말초신경을 기쁘게 하는 육체적 쾌락이요, 다른 하나는 비교를 통해서 가능한 정신적 쾌락이다. 이런 쾌락은 충족되면 교만해지고, 그렇지 않으면 우울해진다. 발설하면 남이 다치고 억압하면 자신이 다친다. 따라서 교만도 우울도, 상심도 분노도 질병이기는 마찬가지이다. 세상은 늘 이런 쾌락의 쟁취를 위해 소란스럽고, 거기서 승자와 패자가 희로애락으로 날마다 흥분한다. 불교의 이고득락이란 무엇인가. 그것은 세속적 쾌락이야말로 고통이기에 그것을 떠나 참다운 낙樂의 세계를 만나라는 것이다. 어떤 쾌락도 유혹이 될 수 없는 자에게 모든 쾌락은 없는 것과 마찬가지이다. 모든 쾌락을 무화시킬 수 있는 자에겐 그만의 세계관이 깨어 있다. 그리고 무사無事한 세계를 읽어낼 수 있는 자에겐 삶은 처음부터 끝까지 무고無故한 낙의 세계이다.

88 백팔번뇌 百八煩惱

최남선의 시조집 이름이 『백팔번뇌』이다. 그도 누군가 캄캄한 밤중에 자신의 번뇌를 도둑질해갔으면 좋겠다는 심정으로 이 시집을 썼을 것이다. 그러나 누가 위험을 무릅쓰고 남의 번뇌를 도둑질해가겠는가. 잡동사니 같은 번뇌를 훔쳐다 어디에 쓸 데가 있겠는가. 그런데도 우리가 싸우는 것을 잘 들여다보면 번뇌를 서로 도둑질해가겠다는 것이 요체이다. 번뇌는 듣기 좋게 분류하면 108가지이지만 실제로는 수를 헤아리기 어려울 만큼의 무한수이다. 이런 번뇌를 안고 뒹굴다 보면 한 세상이 간다. 내생에는 이 번뇌들이 씨앗으로 발아하여 이자까지 내놓으라고 야단일 터이니, 번뇌를 없애는 데 최선을 기울일 일이다. 이 세상에서 무엇을 기다려 더 얻을 것인가. 번뇌를 없애는 것 말고 달리 할 것이 무엇이 있겠는가.

89 공덕功德

공덕림功德林이라는 말이 있다. 공덕을 쌓은 것이 마치 숲처럼 울창하다는 뜻이다. 나무에 기대어 살던 사람들이 만들어낸 비유임에 틀림없다. 그런가 하면 진실공덕眞實功德이라는 말도 있다. 그 상대편에 부실공덕不實功德이란 말도 있다. 진실공덕이 공심公心 혹은 공심空心을 바탕으로 하여 만들어진 무집착의 공덕이라면, 부실공덕은 세속적 욕구를 품에 안고 이룩한 거래성 공덕이다. 진실공덕의 복덕은 측량할 길이 없다. 그러나 부실공덕의 은혜는 잘 해야 본전이다. 아침밥 한 그릇을 쟁취하고 승리한 사냥꾼이나 된 듯 의기양양해 하는 사람이 있다. 공덕은커녕 악업을 쌓는 일이다. 아침밥을 먹으며 나에게 밥을 주시니 감사하다고 기도하는 사람이 있다. 다른 사람이 아니고 자신이 밥을 먹게 되어 감사하다고 기도하는 이 사람의 공덕은 부실공덕이다. 그런가 하면 아침밥을 먹으며 연기緣起의 놀라움에 대한 감사의 기도를 드리고 회향回向의 원력을 꿈꾸는 이가 있다. 이 공덕은 진실공덕이다. 누대의 습기習氣에 젖은 우리들은 부실공덕을 쌓기도 쉽지 않다. 그러나 마음 깊은 곳에는 진실공덕을 사모하는 그리움이 누구에게나 샘물처럼 맑게 깃들어 있다.

90 무재칠시無財七施

보시라는 말 앞에서 재물을 먼저 떠올리는 사람들이 대부분이다. 이 시대가 재물을 중심으로 하여 움직이고 중생들은 재물을 받아야 받은 것이라 생각하기 때문이다. 그러나 재물이 없어도 보시할 수 있는 일곱 가지 길이 있다. 다들 알다시피 안시顔施, 언시言施, 심시心施, 안시眼施, 신시身施, 좌시坐施, 찰시察施가 그것이다. 얼굴로, 말로, 마음으로, 눈으로, 몸으로, 앉을 자리로, 살피는 관심으로 보시가 가능한 것이다. 그러나 이들은 방편상의 분류일 뿐, 몸과 마음과 내가 가진 모든 것을 잘 쓰면 그것이 모두 보시가 되는 것이다. 얼굴의 이목구비는 물론 손으로도 발로도 근력으로도 체력으로도 신체 그 자체로도 보시를 할 수 있다. 하다못해 집안 뜨락 한 자락으로도 보시를 할 수 있다. 잘 자란 나무 한 그루는 뜻하지 않았어도 무한 보시를 한다. 잘 피어난 꽃 한 송이 역시 마찬가지이다. 잘 익은 과일도 그렇거니와 하늘을 나는 종달새의 울음소리도 무한 보시를 한다. 내가 좋아하는 프랑스의 상상력 이론가 가스통 바슐라르가 우리의 두 팔은 포옹하기 위해 존재하고, 우리의 목소리는 노래하기 위해 존재한다고 하였을 때, 그 팔과 포옹, 그 목소리와 노래는 보시의 전형적인 예이다.

91 보시布施

잘 주는 것도 보시이지만 잘 받는 것도 보시이다. 잘 주기도 어렵지만 잘 받기 또한 너무나 어렵다. 받기만을 바라는 사람이 있다면 그의 받음은 받을수록 자신의 재산을 까먹는 일이다. 또한 받는 일을 부채로 여기며 갚을 날만을 기다리는 사람이 있다면 그의 받음은 거래의 일종이다. 열등감이 대단한 사람은 많은 경우 베푼 사람에 대해 분노나 우울을 숨기고 있다. 받는다는 것은 자존심을 상하게 하는 일이기 때문이다. 그러나 아무 생각 없이 받을 수 있는 사람은 자신감이 있는 사람이다. 자신감은 내가 이 세상과 우주의 주인공으로 살아갈 수 있는 마음과, 받은 것을 공심으로 사용할 수 있는 능력이 있다는 것이다. 잘 받는 일은 무척 중요하다. 잘 받을 수 있는 사람이 있어야 잘 줄 수 있는 사람도 존재할 수 있지 않겠는가. 받을 사람이 없는데 어찌 주는 쪽의 보시가 가능하겠는가. 모두가 주기만 하려고 애를 쓰는 '부의 대중화 시대'가 오게 된다면 아마도 잘 받는 사람이 오히려 더 큰 보시를 행하는 것일지도 모른다. 제법은 공상이므로 어느 하나가 영원한 진리일 수도, 권력일 수도 없는 것이다.

92 백팔배百八拜

'절[拜]'이 건강에 좋다니까 절 열풍이 불고 있다. 특별히 '108배'가 건강에 좋다니까 '108배 열풍'이 거세다. 약삭빠른 상인들은 '절 마케팅' 혹은 '108배 마케팅'으로 수익을 올리고, 건강집착증에 사로잡힌 대중들은 그들이 내놓는 상품을 소비하느라 분주하다. 절[拜]이 그 속뜻을 참구參究하지 않고 이루어진다면 무슨 의미가 있을까. 기껏해야 근육운동에 지나지 않을 것이다. 108배 또한 그 뜻을 고구考究하고 행하지 않는다면 무슨 소용이 있을까. 108이라는 숫자를 헤아리는 동안 녹슬었던 두뇌 부위가 조금 살아날 정도의 소용이나 있을까. 건강도 집착하면 질병이고, 절도 집착하면 우상이고, 108이라는 숫자도 집착하면 병통이 된다. 하심下心하지 않는 한 절은 수없이 많이 해도 별 소용이 없다. 맹목으로 절을 하는 동안 하심이 조금 이루어질지는 모르겠다. 그러나 그것은 일회적이고, 하룻밤만 지나면 마음은 속세의 좌표로 되돌아온다.

93 절[拜]

절은 왜 하나? 우주심과 하나가 되고자 하는 무심의 절이 아니면 모든 절은 맹목적이거나 아부성을 띤 것이다. 남이 하니까 그냥 하는 것이고, 무엇인가 두려우니까 저자세를 취하는 것이다. 조상이 두려운가. 무서운 조상도, 무서워하는 후손도 평상심을 잃은 것은 마찬가지이다. 하늘이 두려운가. 무서운 하늘도, 무서워하는 인간도 본래면목을 잃은 것은 동일하다. 세상엔 두려운 것도 두려워할 것도 실은 없다. 두려운 것이 있다면 탐욕과 탐욕이 만든 상相이 두려울 뿐이다. 그렇다면 절은 탐욕과 탐욕의 허상을 넘어서기 위한 노력으로서만 의미가 있다. 오체투지하듯 자신을 대지와 온전히 낮게 합일시킴으로써, 잉여가 없는 삶을 구현하는 데 그 뜻이 있다. 한번 잘 한 절이 백번 나부댄 절보다 심오하다. 몸 전체의 세포에서, 머리끝부터 발끝까지 탐욕을 빼고 절을 한 번 하는 데 하루 동안의 시간이 걸렸다는 누군가의 이야기를 들은 적이 있다.

94 업병業病

우리는 모두가 다르다. 키도, 성격도, 감성도, 체형도, 식성도 모두 다 다르다. 이 세상에 올 때 지니고 온 업이 모두 다르기 때문이다. 업의 바코드를 판독한 한 예가 명리학의 사주팔자다. 사주팔자를 놓아보면 그 사람의 업이 대충 보인다. 이 업에 따라 사는 것을 업병의 삶이라 한다면 우리는 모두 그 나름의 업병을 짊어지고 사는 사람들이다. 이 업병을 단숨에 넘어설 수 있는 방안은 없을까. 있다. 다만 터득하고 실천하기가 어려울 뿐이다. 분리된 개아를 넘어서 우주적, 전일적 자아로 자신의 인생 모드를 전환시키면 되는 것이다. 컴퓨터의 a모드를 b모드로 전환시키듯이 자신의 업식의 모드를 우주율의 모드로 변환시키면 되는 것이다. 이 방법을 몰라서, 또는 알고서도 실천하기가 어려워서 우리들의 삶은 영원히 개아의 모드로 동요 속에 진행된다. 세상도 그것에 맞춰 교육을 하고, 교육을 통해 그것을 강화하기에 의정의 눈을 뜨지 않는 사람은 이 동요 속의 마을을 떠나 살기 어렵다.

95 선정禪定 1

고요는 명경과 같다. 고요를 잃으면 단 한 줄의 글도 쓸 수가 없다. 주어와 술어가 맞지 않고, 문체가 허술해지거나 들뜨게 마련이다. 고요를 허락하지 않는 세상에서 독한 마음을 먹지 않으면 고요를 지키기가 쉽지 않다. 독한 마음이란 끊기, 외로워지기, 냉정해지기 등과 같은 것이다. 고요를 지킨 사람만이 제대로 비친 세계(만물)의 실상實相을 볼 수 있다. 보지 않고 말할 수는 없기 때문에 보는 일은 무엇보다 우선적이다. 요즘은 선비의 흔적을 퇴화된 뱀의 꼬리처럼 겨우 지닌 대학교수들조차도 아랫도리에 열이 나도록 돌아다닌다. 그렇게 해야만 밥벌이가 가능하도록 사회가 그들을 타락시키고 있다. 고요를 잃고, 고요를 돌보지 않는 개인과 사회가 어떻게 될 것인가는 애쓰지 않아도 그 미래가 뻔하게 그려진다.

96 욕심慾心

요구, 욕구, 욕망, 원망, 소망, 원력, 꿈, 탐욕 등이 다 바라는 마음이라는 뜻의 '욕심'의 일종이다. 욕망 이론의 전문가로 한국에서도 주목을 받았던 프랑스 정신분석 이론가 자크 라캉은 요구(demand)와 욕구(need)와 욕망(desire)을 구분하며 이들의 상호관계를 매끄럽게 설명하고 있다. 요구는 자아의 나르시시즘이 100퍼센트 만족되는 상태다. 욕구는 나의 나르시시즘이 현실적으로 충족된 총량이다. 욕망은 요구에서 욕구를 뺀 만큼의 차액 혹은 결여로서의 삶의 동력원이다. 우리들의 욕망의 메커니즘이 이와 같기 때문에 죽음이 올 때까지는 이들 세 욕심의 조화로운 화해가 성취 불가능하다는 게 그의 생각이다. 요컨대 욕망은 계속하여 남아 꿈틀대고, 요구는 그 높이를 바꾸지 않고 있으며, 욕구는 현실 속에서 늘 타협해야 하는 운명이다. 라캉의 욕망이론을 음미하다 보면 삶의 막막한 비애가 느껴진다. 죽음 이외에는 해결할 방도가 없다는 사실을 쉽게 수용할 수 없기 때문이다. 실제로 소아적 욕심의 차원에서 보면 라캉의 욕망 이론은 옳다. 그러나 대아적 소망과 원력의 문제를 들고 나와서 보면 그의 이론은 일면적 진실만을 담고 있다. 소아를 내려놓은 대아적 소망과 원력 속에서 우리의 꿈은 층위에 따라 구분되고 서로 불화할 이유가 없다. 옛사람인 유아로서의 나는 가고, 새 사람인 성인으로서의 내가 활동하기 때문이다. 불교에서는 이런 인간을 보살 혹은 부처라 부르고, 기독교에서는 하나님 나라의 사람 혹은 성령으로 사는 자라 부른다. 옛사람을 버리고 새사람이 되었다고 불가에서는 성까지 석존의 석자를 따라 석씨로 바꾸는 불제자들이 적지 않다. 시를 쓰는 석지현 씨도 그런 예의 하나이다. 기독교에서도 하나님의 자녀가 되었다고 세례명을 받기도 하고, 혈육의 세속 부모보다 하나님의 말씀을 더 새겨듣겠다고 약속하기도 한다. 욕심을 다루는 고단수의 방법이다.

97 백척간두진일보 百尺竿頭進一步

백척간두라면 얼마나 대단한 높이의 장대일까? 1척이 30센티미터이니 30미터 정도의 장대이다. 그러나 여기서 숫자는 하나의 환유적 수사물일뿐 그 자체의 지시적 의미는 허약하다. 다만 백척간두가 임계지점 혹은 임계지점 직전이라는 것이 중요하다. 존재와 세계의 질적 비약은 임계지점을 통과할 때만 솟구치듯 나타나기 때문이다. 임계지점에서 한 발짝만 내디디면 애벌레가 나비가 된다. 그 지점에서 한 발짝을 내디디면 액체인 물이 기체인 수증기로 돌변한다. 더군다나 그 지점에서 두어 발짝 내디디면 보통사람도 천재가 된다. 그런 원리라면 죽었다 다시 사는 심정으로 두 눈 질끈 감고 '백척간두'에서 '진일보'하는 것도 해볼 만한 일이다.

98 환幻

삶은 제자리걸음이다. 오는 바도 없고 가는 바도 없다. 그러나 오는 바도 없고 가는 바도 없다 생각하면 범부들의 삶은 권태로 가득할 것이다. 범부들의 나날은 삶이 오고 가는 것 같은 환상 속에서만 힘을 발한다. 그리고 희로애락의 드라마를 펼치는 가운데서 나날을 지루하지 않게 보낸다. 그러나 차창 밖의 가로수가 달리는 것 같아도 실은 버스 속의 우리가 달리는 것처럼 세계는 우리의 변덕과 무관하게 여여하다. 드라마가 아무리 리얼해도 드라마는 드라마인 것처럼, 무대와 분장을 거둬내고 보면 세계는 그대로 맨얼굴의 무사태평이다. 이 엄청난 배반 앞에서 우리는 당혹스러움을 감출 수 없다. 그러나 이 엄청난 배반이자 반전의 실상이야말로 우리를 안심하게 한다.

99 탑신塔身

불국사의 다보탑과 석가탑이 부부처럼 서 있다. 단출한 석가탑과 화려한 다보탑이 음양 한 쌍으로 조화를 이루며 아름답다. 잘 늙은 노부부가 이들 두 탑을 흠모하며 마당 한 쪽에서 알 수 없는 깊이까지 고요해진다. 인간의 몸도 탑신이고 그 탑신 또한 절의 탑들처럼 깊고 환해질 수 있다는 말이 그들로부터 전해온다. 다보탑과 석가탑 옆에 서 있는 두 부부가 또한 한 쌍의 불국사 탑신 같은 것이다.

100 대웅전 大雄殿

  사찰의 핵심은 탑신이지만 중생의 마음에는 그것이 대웅전인 것 같다. 이런저런 문을 지나 절의 본문으로 들어가면 제일 먼저 누굴 만나기라도 해야 하는 듯이 성급하게 쫓아 달려가는 곳이 대웅전이다. 대웅전! 누가 지었는지 그 이름도 중심처럼 웅장하다. 큰 영웅이 사는 대웅전엔 정말 너무 커서 어쩔 수 없기도 한 금불대웅들이 앉아 계신다. 경계나 형상에 '끄달리지' 말라고 그리 경고를 해도 영웅 같은 불상 앞에선 평상심이 위태롭게 흔들린다. 대웅들 앞에서 많은 사람들이 절을 한다. 그들은 경계를 넘어섰거나 경계를 사랑하는 사람들이다. 이도저도 아닌 나는 늘 대웅전 주위를 맴돌다 돌아온다. 절마당 같은 것이나 쓰다듬다 멋쩍게 발길을 돌린다.

101 전생前生

어제가 오늘의 전생이듯, 오늘은 내일의 전생이다. 태어나기 이전이 현생의 전생이듯, 현생은 죽음 이후에 올 내생의 전생이다. 전생을 찾으러 최면술사에게 가봐도 좋지만 반드시 갈 필요는 없다. 전생은 오늘이고, 현생이다. 오늘, 이 현생에서 내가 산 총체가 내생의 성적표다. 학생들도 자신이 공부한 것을 보면 대충 다가올 시험의 성적을 짐작할 수 있지 않은가. 우리들도 현생에서 공부한 총량을 가늠해보면 예언자에게 가지 않아도 내생의 성적을 예상해볼 수 있지 않을까.

102 일체유위법一切有爲法

『금강경』 독송 테이프를 듣다 보면 알아듣는 것만 계속 귓속으로 들어온다. 그 가운데 하나가 '일체유위법一切有爲法이 여몽환포영如夢幻泡影이요, 여로역여전如露亦如電이라' 라는 구절이다. 유위법은 무위법의 상대적 개념이다. 유위법이 인연과因緣果에 의한 현상계의 모습이라면 무위법은 반야, 진여, 불성 등과 같은 세계이다. 유위법은 끝없이 변한다. 무상한 것이다. 그 모습이 꿈 같고, 환영 같고, 거품 같고, 그림자 같으며, 또한 이슬 같고, 번개 같다는 것이 『금강경』의 가르침이다. 그렇더라도 집착하지 않으면 유위법 또한 아름답다. 아름다운 슬픔, 아름다운 노을, 아름다운 입학, 이런 말들이 가능한 것처럼 유위법의 근저에 공심이 깃들면 모든 유위법의 세계에선 빛이 난다. 그 빛은 감동을 주고, 그 빛으로 유위법의 세계가 윤택해진다.

103 다문제일 多聞第一

쓸데없는 중생담만 가득 듣고 돌아와 이야기판을 주도하는 사람이 있다. 그도 '다문제일' 이다. 그러나 그의 이야기를 듣고 돌아오는 발걸음은 늘 탁하고 찜찜하다. 남의 말 할 겨를이 있으면 팔굽혀 펴기나 하라는 이야기도 있다. 팔굽혀 펴기를 하면 건강이라도 증진될 게 아닌가. 진정한 다문제일로 칭송되는 부처님의 제자 아난다가 아니었다면 근본경전의 기록은 물론 그 전승조차 제대로 될 수가 없었을 것이다. 경전 부근을 초심자로 서성이며 아난다 존자에 대한 감사의 마음을 느끼는 나날이다.

104 초월超越 혹은 초연超然

초월은 비켜섬이 아니라 넘어섬이다. 배제가 아니라 포월이다. 미숙함이 아니라 원숙함이다. 무력한 후퇴가 아니라 유력한 나아감이다. 어른의 눈으로 아이들의 세상을 보는 것과 같은 자리이다. 때로는 도피도 초월의 한 방식이지만, 도피는 이곳과 저곳을 양분한다. 그에 비하면 초월이야말로 나눔 없이 넘어서는 적극적인 삶의 한 양태다. 초월하면 초연해진다. 초연해지면 모든 게 담담하다. 그렇다고 옳고 그름에 눈감고 사는 것은 아니다. 모든 것을 다 알지만 순수한 마음을 흔들림 없이 차분하게 작동시키는 것이다.

105 아만我慢

아만에 가득찬 사람은 화법이 다르다. 언제나 누군가를 가르치려는 말씨를 구사한다. 그에게 모든 사람들은 배워야 할 학생처럼 여겨지는 것이다. 아만이 가득한 사람은 행동거지가 다르다. 주변에 아무도 없는 것처럼 타인을 배려하지 않고 자신만 앞으로 전진한다. 그가 지나간 길마다 생명들이 초토화된다. 그러나 그는 언제나 외롭다. 그 주위엔 아무도 살아 있지 않기 때문이다. 그런 그도 저 무인도쯤에 불시착하여 한 며칠간만이라도 홀로 지내다보면 지나가는 참새를 보고도 말을 걸 것이다. 같이 놀아달라고, 나는 너를 좋아한다고, 너와 나는 한식구라고, 우리는 지구의 구성원이라고 물든 마음을 내려놓으면서 본마음을 보일 것이다. 아만이라는 질병은 타인보다 자신을 먼저 괴롭힌다. 그것은 분명 그 자신이 만든 자업자득의 질병이기 때문이다.

106 환희심歡喜心

쾌락, 즐거움, 기쁨, 행복, 유쾌함 등은 같은 계열체에 속한다. 그러나 이들과 동일한 계열체에 속하면서 조금 다른 차원에 놓여 있는 말이 있다. 그것이 바로 환희심이다. 앞의 것들이 세속적 욕망의 만족에서 오는 뜨겁고 끈끈한 열복熱福의 감정들이라면 뒤의 것은 대아적 소망이 만족된 데서 오는 청복淸福의 감정이다. 진리를 사모하거나 알게 되면 소란한 행복보다 맑은 환희심이 깃든다. 염불을 하며 느끼는 환희심도 이런 것일 터이다. 깊은 밤, 사경寫經을 하며 느끼는 심정도 이런 것일 터이다. 하느님과 온전히 하나 된 새벽기도 속에서 한 기독교인이 느끼는 마음도 이런 것일 터이다.

107 십우도十牛圖

십우도는 심우도尋牛圖라 부르기도 한다. 열 폭의, 소를 주인공으로 삼은 화폭이자 소를 찾아가는 그림이기 때문이다. 그러나 지역에 따라서는 말을 주인공으로 삼아 그림을 그리기도 하고, 코끼리를 주인공 삼아 그리기도 한다. 그런데 소든 말이든 코끼리든, 또 그 무엇이든 이들은 모두 한 사회가 진리의 표상으로 합의한 방편으로서의 공동상징이자 일반적 환상이다. 따라서 소 대신 다른 그 무엇을, 심지어는 모기를 이 자리에 대체해놓아도 전달되는 의미는 같다. 소를 타고 소를 찾는다는 말처럼, 우리 모두는 우주법계라는 대진리의 마차를 타고서도 그 진리가 다른 곳에 있는 줄 알고 찾아 헤매고 있다. 아이를 업고 아이를 찾듯, 열쇠를 손에 들고 열쇠를 찾듯, 지갑을 집에 두고 신문에 분실공고를 내듯, 내가 사는 지금 이 자리, 이 세계의 완전성을 잊고 우리는 저 너머의 파랑새를 갈구하며 갈애의 신열로 들떠 있는 것이다. 그냥 살라, 지금 그대로 완전하니까. 걱정하지 마라, 지금 그대로 충족됐으니까. 그만 떠나라, 머물러 있는 곳이 우주의 중심이자 끝이니까. 이런 말들을 겁 없이 하고 싶다.

108 부증불감 不增不減

게임 중의 게임이 스포츠 경기이다. 수많은 스포츠 경기의 핵심은 '스코어' 경쟁에 있다. 월드컵 축구경기를 관람하다 심장마비로 죽는 사람이 나오고 동네 축구경기가 끝나도 후유증은 며칠 간다. 그리고 보면 '스코어'의 위력은 대단하다. 하지만 '스코어'는 인간들의 게임이자 유희의 산물이다. 축구경기가 끝나면 축구장은 적막한 마당이 되고, 바둑 내기가 끝나면 바둑판은 무사한 나무판이 되고, 카드놀이가 끝나면 방석 위는 공일空日처럼 조용하다. 그러니 게임이나 유희 같은 데서나 늘어나고 감소하는 에너지의 부침과 이동이 가능하다. 인생조차도 게

임이건만 인간들은 늘리고 줄이는 일로 나날이 전쟁터의 전사가 된다. 그러나 전사들의 전쟁이 아무리 거세어도 우주법계는 묵묵히 그만의 암산暗算을 한다. 정말 캄캄한 오지의 계산이다. 늘어났다 해도 늘어난 것이 없으며, 줄어들었다 해도 줄어든 것이 없다는 계산을 아무도 눈치채지 못하게 매일 암산으로 지속하는 것이다.

109 인드라망網

인간뿐만 아니라 우주 삼라만상 모두가 인드라망의 한 고리이다. 우리 모두는 우주적 에너지가 소통하는 한 지점으로서 에너지의 원활한 주고받음에 동참해야 한다. 그러나 나라는 인드라망의 한 지점이 막히게 되거나 나라는 한 존재가 딴 생각을 하게 되면 우주적 에너지의 흐름엔 울혈과 어혈이 생긴다. 그리고 나의 안팎은 캄캄해진다. 내 안팎이 캄캄해지면 나도 아프고 세상도 아프다. 질병이란 게 따로 있는 게 아니다. 캄캄해진 나의 안팎이 그대로 나의 질병이고 우리들의 질병이다.

110 부동不動

뿌리 깊은 나무는 바람에 흔들리지 않는 것처럼, 우주법계의 여여한 뿌리와 한몸을 이룬 자는 흔들리지 않는다. 부동의 경지만큼 매력적인 것이 또 있을까. 이 거대한 우주가 무서운 타존재이거나 죽어 있는 물질이 아니라는 것을 아는 자에게 부동이라는 선물이 주어질까. 또한 이 우주가 나쁜 계모가 아니라 동근同根의 친모임을 아는 자에게 부동의 세계가 아침빛처럼 경이롭게 몰려올까. 우리 모두는 우주라는 어머니의 적자嫡子이자 우주 그 자체이다. 내가 자녀를 낳은 것도 친모로서의 우주 자체가 되어 우주의 적자이자 우주 자체를 낳은 것이다. 우리가 우주 자체와 틈 없이 하나가 되면 우리는 언제나 부동이 된다. 그리하여 공포와 불안 때문에 흔들렸던 이전의 많은 날들을 아침날의 안개처럼 멀리 날려 보낼 수 있다.

111 월인月印

인장이라면 달의 인장 정도는 되어야 하지 않을까. 비추지 않는 곳이 없으면서 머무는 곳도 없고, 오지 않는 날이 없으면서 가지 않는 날도 없는 것이 월인이다. 사람들도 인장을 새겨서 중요한 자리마다 붉은 인주를 묻혀 찍는다. 인장은 우리들 영혼의 직접적 은유이다. 그래서 영혼처럼 붉은 인주가 묻혀지는지도 모르겠다. 영혼을 주고받을 만큼 신뢰와 품위를 담고 있는 것이 인장을 주고받는 일이다. 그렇다면 월인처럼 우리들의 인장도 마음을 찍는 심인心印 정도는 되어야 하지 않을까.

112 생활선 生活禪

산속으로 들어가고 싶은 때도 있다. 그러나 생활은 산속으로도 쫓아온다. 밥을 먹어야 하고, 잠을 자야 하고, 옷을 입어야 하고, 용변을 보아야 한다. 삶이 좀더 단순해지기는 하겠지만 산중에서도 생활 없이 삶이 영위될 수는 없다. 그렇다면 삶 전체가 참선이 될 수는 없을까. 일상생활 모두가 참선의 장이 될 수 없을까. 쉬운 일은 아니겠지만 노력조차 불가능한 것은 아니다. 매순간 내가 우주법계와 하나가 된 자리에서 삶과 생활을 영위하고자 한다면 나날의 삶과 생활은 훌륭한 참선이 될 것이다. 분리된 내가 아닌, 하나 된 나를 사는 새 삶의 세계가 점점 넓어질 것이다.

113 포대화상 布袋和尙

도道가 뼈라면 덕德은 살이다. 뼈와 살이 음양의 조화를 이룰 때 존재도, 세상도 가장 아름답다. 포대화상의 포대주머니는 덕의 표상이다. 지혜를 구체화한 선善한 선물 바구니이다. 가게마다 서비스 품목을 내놓고 포대화상 흉내를 내더니 요즘은 말 서비스를 내놓고 천사의 표정을 짓는다. 114에 전화번호를 묻는 사람에게 얼굴 모르는 여인이 튀어나와 사랑한다고 달려든다. 카드회사에 카드분실 신고를 하는데 역시 낯 모르는 여성이 나타나 사랑한다고 달려든다. 식당의 많은 종업원들은 대충 만든 음식을 안겨주고 맛있게 드시라며 염치없는 소리를 한다. 포대화상의 주머니조차 영리한 마케팅의 재료가 되었다. 그러나 쓸모없는 것을 마구 퍼준다고 사람의 영혼이 움직이지는 않는다. 쓸모없는 것은 아무리 많아도 쓰레기에 다름 아니기 때문이다.

114 발보리심 發菩提心

버스를 타고 가다 그 방향이 아님을 깨닫고 보리菩提 쪽을 향해 방향만 바꾸어 타도 이미 발보리심의 첫 발자국을 떼어놓은 것이다. 한 발자국씩 자꾸 떼어놓다 보면 보리 씨앗에 튼 맹아萌芽처럼 조금씩 보리심이 자랄 게 분명하다. 생장生長의 길이 어디 순탄하기야 하겠는가마는, 역방향으로 전력질주한 경우에 비하면 정말로 이 방향전환은 다행스럽다. 발보리심은 입보리행入菩提行으로 더 나아가야 한다는데, 발보리심을 내게 된 것만으로도 생은 이미 밝아지기 시작한다. 축하할 일이다.

115 자리이타 自利利他

나도 이롭고 타인(혹은 타존재)도 이로운 삶이 있을까. 이를테면 나도 이롭고 뒷동산의 나무도 이로운 삶이 있을까. 또한 나도 이롭고 화단의 꽃도 이로운 삶이 있을까. 과학자들은 '공진화共進化'를 말하기도 한다. 인간과 나무가, 인간과 꽃이, 인간과 동물이 상의상존相依相存하며 함께 진화의 길을 걸어왔다는 것이다. 그러나 이때의 진화는 적자생존의 시각에서 본 진화다. 그렇다면 다시 묻자. 나에게도 너에게도 이롭다는 말의 그 진정 이로움이란 무엇이냐고 말이다. 참된 이로움은 일심一心을 깨닫게 하는 것이다. 그리고 그런 삶을 살게 하는 것이다. 여기서 문제가 되는 것은 인간이다. 인간들은 일심으로부터 너무 멀리 떨어져 나와 홀로 유일하다 생각하기 때문이다. 시간적으로도 단생斷生을, 공간적으로도 개체성을 고집하는 이 분리된 인간들에게 일심을 깨우쳐주기란 매우 어렵다. 그렇더라도 인간들은 자리이타의 삶이 구현될 때 높은 수준의 보람과 감동을 느낀다. 자리이타라는 그 일심의 생명선이 움직였을 때, 인간들은 시키지 않아도 헌신과 신명의 삶을 살아간다.

116 고승대덕 高僧大德

일찍이 출가한 고승대덕들을 보면 감탄과 부러움을 감출 수가 없다. 어떻게 하면 그렇게 젊은 시절, 크게 부정할 수 있는 것일까. 그리고 다른 길을 갈 수 있는 것일까. 세속학교의 모범생으로 제과점에도 가지 못했던 겁쟁이인 나는 그들의 일탈과 대부정이 존경스럽기만 하다. 내가 세속학교에서 생계의 문제를 공부하는 동안, 그들은 산중학교에서 생사의 문제를 풀고 있었다. 월호 스님의 말씀처럼 생계 문제를 해결했다고 해서 생사 문제가 해결되는 것은 아니다. 내가 공부한 시詩라는 세계가 생사문제를 해결해보겠다고 애를 쓰기는 하지만 시란 것도 본래는 세속의 장르이다. 어떻게 생계문제와 생사문제를 보기 좋게 동시에 해결할 수 있을까. 세속과 탈속을 하나로 통합할 수 있을까. 대승大乘의 바퀴를 굴리면 그것이 가능하다지만, 그 큰 바퀴를 굴리는 일은 쉽지가 않다. 그렇더라도 굴리다 보면 바퀴는 굴러갈 것이라 생각한다. 큰 바퀴는 한 번만 굴러도 아주 멀리까지 의젓하게 나아가고, 일단 굴러가기 시작하면 쉽게 멈추지 않는 속성을 갖고 있지 않은가. 고승대덕이 있는 세상은 그래도 의지처가 있는 오래된 동네처럼 든든하다.

117 화택火宅

날아다니는 자동차까지 실용화되려는가 보니 큰일이다. 이제 공중의 새와 나비와 잠자리들까지 잠들 곳을 잃는가보다. 땅위는 이미 사람들과 자동차와 물건들로 화택이 된 지 오래다. 땅속도 지하철과 터널과 대심도大深道로 탁하고 뜨겁다. 그나저나 인간들의 화병火病은 어떻게 치유하나. 화나고 열난 얼굴들이 방마다 거리마다 상점마다 가득하다. 티브이도 매일 밤 흥분에 들떠 괴성을 지른다. 겉으로나마 점잖던 주요

신문들도 염치없이 야하기 그지없다. 이번 여름엔 비가 좀 크게 내려야 겠다. 불난 세상을 가라앉히는 데엔 물만큼 좋은 것이 없지 않은가. 불이 나면 물자동차가 달려오는 것처럼 기후도 아열대로 가까이 근접한다는데 저 적도 근방의 우기 때처럼 비라도 흠씬 내려야겠다. 그래야 비등한 세상의 온도가 조금이나마 내려갈 것 같다.

118 회향回向

내가 태어나 이 세상에서 얻은 것을 나는 어떤 방식으로 되돌려주고 있는가. 인류가 이 지구에서 얻은 것을 인류는 어떤 방식으로 회향하고 있는가. 회향 없는 삶은 일방적 독식이고 독주이자 질주다. 그 독식과 독주와 질주의 끝에 종말이 있다. 종말이라는 말은 듣기만 해도 불길하다. 버스도 종점에 가면 쉬었다 다시 그 자리를 출발점 삼아 되돌아온다. 나도, 인류도 이 세상에서 얻은 것을 버스의 회향처럼 어느 지점에서 마음을 쉬고 되돌려주어야 하리라. 종점이 종말이 아니라 출발점이 되도록 만들어야 하리라.

119 조고각하照顧脚下

한 발짝, 한 발짝을 떼어놓는 것이 인생이고 삶이며 우주적 운동이다. 그러므로 멀리 바라볼 것 없이 그 한 발짝이 만들어내는 자신의 발자국 밑을 비추고 되돌아보면 된다. 극미의 세계에도 무한 우주가 그대로 담겨 있다고 하지 않는가. 그 한 발자국 속에 삶의 전모가 들어 있다고 보면 된다. 우리는 눈을 안으로 떠서 자기 자신을 살피기보다 잠자리에서까지 눈을 밖으로만 뜬 사람처럼 남을 비난하고 허황한 꿈을 꾸느라 정신이 없다. 밤이 오는 저녁 시간만이라도 눈을 감고 자신의 안쪽을 보살펴야 한다. 안으로 존재의 심연과 만난 사람의 눈빛만이 그윽하다. 그윽함은 사람들을 의심 없이 평화롭게 한다. 그 안에 발효된 세계가 있기 때문이다.

120 평상심 平常心

오해하면 안 된다. 평상심은 중생심의 반성 없는 일상이 아니다. 평平은 사심을 내지 않은 세계이고, 상常은 한결같은 세계이다. 평평함과 항상함이 있는 세계, 그런 세계의 마음이 평상심이다. 번뇌가 곧 보리이듯, 일상심도 평상심과 같은 동체同體라 하지만, 전자가 물든 세계라면 후자는 무염無染의 세계이다. 물들이지 않은 머리, 화장하지 않은 얼굴, 기교 없는 문장, 전략 없는 거래, 조미하지 않은 음식이 그립다. 그런 데에서는 크든 작든 평상심이 주인으로 작용할 것이다.

121 이판사판理判事判

이理에 밝은 사람은 사事에 어둡고, 사에 밝은 사람은 이에 둔하다. 이사理事에 함께 밝은 사람이 있다면 그는 복 받은 자이다. 그러나 이사에 함께 밝아도, 마음이 밝지 않으면 세속의 이론가나 행정가에 불과하다. 마음 문제에 관심을 두지 않으면 대학의 석학도 세속의 이론가로 그치기 쉽다. 또한 마음 문제에 관심을 두지 않으면 권력 있는 대통령도 세속의 영웅으로 그치기 쉽다. 그들의 이름이야 역사책에 길이 남겠지만, 그들에 대한 감동까지 영혼의 책에 깊이 새겨질지는 알 수 없다. 남는 것이 무에 대수일까마는 사실이 그렇다는 말이다.

122 초발심初發心 1

시와 학문을 위해 순교할 것처럼 초발심을 내던 때가 있었다. 시적 진실도, 학문적 진리도 다 견고한 환상이지만 그 환상에 일말의 의심을 품지 않고 그저 헌신하고자 했던 때가 있었다. 믿는 자에게 복이 있다고, 시와 학문은 헌신한 만큼 나를 공평하게 보살펴주었고, 나는 세련된 지성을 훈련할 수 있었다. 그러나 초발심의 참뜻은 우주적, 심적 수행 속에 있다. 수행이 부재한 시적, 학문적 헌신은 삐걱거린다. 나에게 필요한 것은 지성 너머의 영성 훈련이었고, 그것은 시가 창조되고 소통

되는 이 우주 전체에 대한 다른 차원의 초발심이자 헌신을 요구하였다. 근대시와 근대학문을 하던 나는 이제 이들과의 만남 이후로 나아가고자 한다. 그들은 나를 수련시켰지만 수행까지 나아가게 하는 데는 역부족이었다. 수련에 수행이 동행한다면 삶은 어느 곳에서도 빛나리라.

123 향상일로向上一路

'사는 게 뻔하잖아요.' 이것은 엊그제 『법화경』의 일부를 강의하던 조계종 포교원장 혜총 스님이 무심코 던진 말씀이다. 정말 그것은 무심無心코 던진 말씀이다. 그러나 그것을 듣는 나의 마음은 무심하지 않았다. 아이 낳고 밥 먹고 사는 일은 매일 밤 방영되는 일일 드라마처럼 뻔하지만, 그 뻔한 삶이 우리를 미궁 속으로 빠져들게 하기 때문이다. 사는 게 뻔하다 못해 빤하다는 것을 명료하게 알게 되는 순간, 그리하여 그런 삶 너머를 관觀하여 보고 전율하기 시작하는 순간, 우리는 이전의 길을 넘어 자발적 향상일로라는 새로운 길로 접어들 수 있다. 고우古愚 스님의 말씀처럼 '무한경쟁'이 아닌 '무한향상'의 길을 선택하면 삶은 자족감 속에서 무한으로 발전할 수 있다. 욕망의 끝지점에서 권태를 가져다주기도 하는 세속적 성공과 달리, 무한향상의 무한정한 길은 무한한 기쁨의 세계로 우리를 끝도 없이 인도한다. 우리 동네 초입의 교회 이름도 향상교회다. 발음하기가 쉽지는 않지만 그 뜻만은 언제 새겨보아도 마음이 끌린다.

124 삼업三業

복잡한 것 같아도 우리의 행위는 몸과 입과 뜻에 의한 것이다. 이른바 신구의身口意 삼업이다. 몸이 행한 것은 금세 표시가 난다. 입이 행한 것도 독백을 뺀다면 다 드러난다. 그러나 마음이 행한 것은 쉽게 표시가 나지 않는다. 하지만 마음의 행은 자신을 속일 수가 없다. 자신을 속이면 몸에서 힘이 빠져나간다. '의식과 힘'의 상관관계를 근력으로 측정한 『의식혁명』의 저자 데이비드 홉킨스에 의하면 의식수준이 낮을수록 근력이 약해진다. 그는 '의식지수'를 높이는 것이 인류사의 과제라고 생각한다. 의식지수를 높인다는 것은 의행意行과 의업意業을 바르게 드높인다는 말이다.

125 약사여래藥師如來 1

경주 분황사 약사여래전의 약사여래상은 약사의 진면목을 보여준다. 바라보기만 하여도 치유가 될 것 같다. 존재의 가장 내밀한 곳을 위로하고 보듬는 그 얼굴을 말로 설명할 길이 없다. 뜻을 얻어야 약사도 되고 의사도 된다는 것을 이 약사여래상 앞에서 절감한다. 누가 이 약사여래상을 조각하였을까. 그도 뜻을 얻은 약사나 의사의 마음으로 이 불사를 하였을 것이다. 돈을 받고 남의 자서전을 써주듯이 그렇게 돈과 거래하는 마음으로 이 불상을 만들 수는 없었을 것이다.

126 약사여래 藥師如來 2

근대교육을 받은 동네 약국의 모범생 약사 말고 새로운 차원의 약사가 도래해야 한다. 프로이트도, 융도, 아들러도, 또 유명하다는 많은 심리, 정신 분석학자들도 20세기의 근대적, 분석적 약사에 지나지 않는다. 그들의 전집을 다 읽어도 마음의 병이 근치되지 않는다. 그들은 다같이 개인중심주의와 인간중심주의의 한계를 넘어서지 못한 학자들이다. 새로운 약사는 달마가 서쪽에서 동쪽으로 왔듯이 그 서쪽에서 오지 않을까. 아니, 석가모니 부처님이 서양에서 새삼 환영 받는 스타가 되고 있듯이, 동양에서 새로이 탄생하지 않을까. 불법은 부처님이 만든 법이 아니라 발견한 법이지만, 그 법의 치유력은 어느 것에도 비교할 수 없다. 사실 발명보다 발견이 언제나 아주 윗자리이다. 발명은 발병의 가능성을 안고 있지만 발견은 그런 그림자를 갖고 있지 않다.

127 공양供養

이 세상 모든 것은 다 공양을 하고 공양을 받는다. 약 아닌 풀이 없듯이, 모난 돌도 쓸 데가 있듯이, 서로가 서로의 밥이 되어 상호공양의 소통 속에서 살아간다. 오늘 아침 나는 아침식사 이외에도 햇빛 공양, 바람 공양, 들풀 공양, 새소리 공양, 하늘 공양, 샘물 공양을 받고 깨어났다. 저녁 무렵 산책을 나가면 더 대단한 공양을 받을 것이다. 초승달 공양, 은하수 공양, 풀벌레 공양, 꽃향기 공양, 밤이슬 공양…… 공양하는 그들의 목록을 헤아려 다 기록할 수가 없다. 나는 이 세상에 와서 무슨 공양을 하며 살고 있는 것일까. 몸으로, 정서로, 생각으로, 힘으로, 또 그 무엇으로 무슨 공양이라도 조금 하고 살기는 사는 것일까. 깨끗한 공양이 아니면 진정한 공양도 될 수 없는데, 그나마 작은 공양이라도 하게 되면 과연 청정심을 근저에 품고 하기는 하는 것일까. 내가 내놓은 세상의 공해품목 앞에서 부끄럽기만 하다. 살로 가지 않는 것을 공양품처럼 너무 많이 내놓았다.

128 방생放生 1

자신을 모르는 사람이 다른 사람을 알 수 없고, 자신이 탐구하지 않는 지식을 남에게 가르칠 수 없듯이, 제 존재를 방생하지 못한 사람이

다른 존재를 방생하는 것은 불가능하다. 먼저 자신을 방생할 일이다. 탐진치로 얽힌 모든 질병과 죽음의 끈을 풀어버릴 일이다. 이 모든 것은 인위의 힘이나 무사의 무력으로 풀기가 어렵다. 둥글게 열린 그 온화하고 트인 일심의 자리를 관하여 체득해야만 얼음장 같은 업장이 봄날의 눈 녹듯 아래쪽부터 녹는다. 거북이를 싸들고 저 임진강쯤에 소풍 가듯 단체로 관광버스 타고 가서 아주머니들이 거북이를 풀어주고 돌아온다. 살생에 가까운 방생을 하고 그들은 오인된 만족감에 사로잡혀 있다. 그 삿되고 어리석은 방생이 거북이도, 사람도 죽음 쪽으로 몬다.

129 방생放生 2

배타적이고 이기적이며 동물적인 가족 울타리 속은 비좁고, 닫힌 양계장과 같다. 그러니 죽은 조상은 살아 있는 후손을 방생하라. 살아 있는 후손은 죽은 조상을 방생하라. 남편은 아내를 방생하라. 아내는 남편을 방생하라. 부모는 자식을 방생하라. 자식은 부모를 방생하라. 형은 동생을 방생하라. 동생은 누나를 방생하라. 쌍둥이 형제자매도 서로를 방생하라. 방생하지 않는 가족 울타리 속에서 감옥의 수인들처럼 모든 식구들이 병을 앓는다. 가족이라는 관념의 이름으로 서로의 업장만을 키워간다.

130 본래무일물 本來無一物

이 우주법계의 흐름 속에는 본래 한 물건도 없다는데 역사책에도, 박물관에도, 마음속에도 백화점처럼 물건이 그득하다. 역사책을 읽는 밤엔 머리가 피로하다. 박물관에 다녀와도 과식한 사람처럼 속이 메스껍다. 내 마음을 살펴봐도 틈이 없고 혼란스럽다. 청소하라. 그리고 모든 것을 있던 자리에 되돌려줘라. 본래 한 물건도 없던 것처럼 무위의 그 자리에 모든 것을 반환하라.

131 일체유심조 一切唯心造

모든 게 마음이 빚어내는 조화造化 속이다. 그 조화를 만들어내는 마음조차도 조화다. 조화造花와 같은 조화造化를 앞에 놓고 희노애락애오욕喜怒哀樂愛惡慾에 시달린다. 시달리다 맞이하는 밤은 늘 피로하다. 조화를 부리는 사람도, 조화에 이끌리는 사람도 자기 자신이다. 정신 번쩍 차리고, 조화의 정체를 꿰뚫어야 한다. 그래야 다시 또 당하는 일이 없다.

132 무명無名

호랑이는 죽어서 가죽을 남기고 사람은 죽어서 이름을 남긴다며 호랑이보다 낫다고 자처하는 인간들이 밤낮으로 이름 남기기 경쟁에 목숨을 건다. 새로 산 집의 큰 대문 위에, 아끼는 소장품과 애장품 속에, 발표한 작품과 간행한 도서 앞에, 묘지의 비석과 비문 위에, 족보의 비싼 종이 위에, 근사한 문체로 이름 석 자를 새기고 있다. 부끄럽지 않은가. 무겁지 않은가. 완전연소된 소신공양의 삶을 살고 이름 없이 떠나면 안 되는가. 돌에 영생처럼 이름을 새긴 비석이 나뒹굴고 있다. 누구의 이름인지 알아볼 수 있는 사람은 이미 사라졌다. 컴퓨터에 새긴 나르키소스의 이름이 떠돌고 있다. 그것을 알아볼 수 있는 사람도 이미 사라졌다. 무명씨가 된 비석 옆의 무덤엔 야생화가 아름답게 피어 있고, 주인 없는 블로그는 오래된 선사시대처럼 조용하다. 유명有名의 독소가 대단하다. 이름조차 버리기로 한다면 이 세상의 공해가 한결 줄어들 것이다.

133 공부인工夫人 1

우리는 모두 공부인임을 자처한다. 그런데 무슨 공부를 어떻게 하고 있는 것일까. 왜 박사학위를 받고서도 행복하지 않은가. 왜 박사논문을 쓰면서도 행복하지 않은가. 우리가 지금까지 근대의 학교에서 받은 교육의 핵심을 정리해본다: 나만 있다, 나는 타존재와 우주로부터 분리돼 있다, 나는 그들과 경쟁해서 이겨야 한다, 이기는 것이 성공이다, 세속적 성공이 모든 것이다, 세속적 성공을 위해 필사적이어야 한다, 공부조차도 세속적 성공의 도구이다. 이런 교육에선 이긴 자도, 진 자도 평상심을 잃기는 마찬가지다. 이긴 자는 교만심으로, 진 자는 열패감으로 불행하다. 교만심과 열패감은 쌍생아라서 가학과 자학의 나쁜 파장을 이쪽저쪽으로 뿜어대며 세상을 그르친다.

134 공부인工夫人 2

아무것이나 많이 안다고 그게 공부는 아니다. 자아와 우주의 법성法性을 통찰할 수 있는 공부, 그 전체성에 삶을 합일시킬 수 있는 공부, 그리하여 자아와 우주의 완전성에 감동하는 공부, 그 감동을 세상에 일상처럼 아무렇지도 않게 회향할 수 있는 공부, 그런 공부가 참공부이고 그런 공부를 하는 사람이 참다운 공부인이다. 공부를 많이 했다고 생각하는데도 자유와 평화 그리고 고요가 찾아오지 않는다면 스스로의 공부에 대해 의심해보라. 분명 핵심에서 벗어난 공부를 잘못된 길로 열심히 달리는 사람처럼 노심초사하며 지속하고 있을 것이다.

135 찰나생刹那生 찰나멸刹那滅

찰나가 있을 뿐이다. 실은 찰나라는 말도 방편이다. 찰나조차, 없는 시간을 부르는 일종의 명호에 불과하기 때문이다. 석가모니 부처님은 『금강경』을 설하시면서 현재심現在心도, 미래심未來心도, 과거심過去心도 불가득不可得이라고 하였다. 왜곡되고 희미한 기억, 허황하고 불확실한 미래상에 붙들려서 우리는 늘 '지금, 이곳'의 삶을 놓치고 있다. '지금, 이곳'의 삶에 100퍼센트의 일심을 일념으로 쏟아부어 보아라. 에너지 손실 없는 엔진처럼 그대의 몸은 완전 연소되고 순청純靑의 불꽃을 피울 수 있을 것이다. 불꽃 가운데 최고의 불꽃은 순청의 색깔을 띤다. 찌꺼기 없이 타오르는 불꽃의 이미지이자 심벌이다.

136 공적空寂 혹은 공적空籍

본적本籍란도, 주소住所란도 어색하기는 마찬가지이다. 나의 본적은 공적空寂이자 공적空籍인데, 어찌 본적을 외워 적을 수 있겠는가. 나의 주소 또한 무주無住의 도상途上인데 어찌 머무는 것을 구별하여 적을 수 있겠는가. 시인 김종삼은 「나의 본적本籍」이라는 시에서 자신의 본적에 대하여 다음과 같이 적고 있다.

나의 본적本籍은 늦가을 햇볕 쪼이는 마른 잎이다. 밟으면 깨어지는 소리가 난다.
나의 본적本籍은 거대巨大한 계곡溪谷이다.
나무 잎새다.
나의 본적本籍은 푸른 눈을 가진 한 여인의 영원히 맑은 거울이다.
나의 본적本籍은 차원次元을 넘어다니지 못하는 독수리다.
나의 본적本籍은
몇 사람밖에 안 되는 고장
겨울이 온 교회당敎會堂 한 모퉁이다.
나의 본적本籍은 인류人類의 짚신이고 맨발이다.

한번 음미해보기 바란다. 그리고 그대들의 본적을 돌아가며 말해보기 바란다. 본적이 공적空寂이자 공적空籍이 될 때까지……

137 사리자舍利子

사리자는 부처님의 10대 제자 가운데 지혜제일智慧第一의 인물로 통한다. 어떻게 하면 우리도 지혜를 구족할 수 있을까. 인간의 꾀가 지혜일 수는 없기에 뛰어봐야 벼룩이라느니, 꾀를 내다내다 죽을 꾀를 낸다느니 하는 냉소 섞인 말도 있다. 관자재보살이 사리자에게 설한 『반야심경』은 인간적인 꾀를 미련 없이 버리고 분별지를 넘어선 반야에 의심 없이 승선해야만 진정한 지혜제일이 될 수 있음을 알려주고 있다. 반야는 단순하고 질박하다. 용의주도하게 생각하기 이전의 세계이며, 화려하게 장식하기 이전의 자리이다. 반야를 설명한 단순單純과 질박質朴의 한자말을 음미해보면 그 의미가 깊이 다가올 것이다.

138 원력願力

원력이란 이 우주의 주인공이 된 마음으로 목표를 세우고 그 일을 하는 것이다. 우주의 주인공이 된다는 것은 자신을 포함한 이 우주 전체의 이로움을 소망하며 산다는 것이다. 학교에서의 공부도, 친구와의 사귐도, 남녀 간의 결혼도, 사회생활과 직장생활도, 심지어는 죽음조차도 원력 속에서 행한다면 삶은 어디서나 아름다운 꽃처럼 피어날 것이다. 그리고 침향沈香을 싼 옛 종이처럼 그윽한 향기를 품을 것이다. 원력을 모르는 경쟁적 욕망 속에서 우리의 삶은 소진되고 소비된다. 이루어도 이룬 것이 아니고, 이겼어도 이긴 것이 아닌 삶이 즐비하다.

139 희심喜心

너무 기뻐하지 마라. 중생심을 만족시킨 희심은 누군가의 시기심을 불러일으키고 있다. 당신의 그 희심을 누군가에게 말해봐라. 아무도 당신의 희심에 온 마음을 다하여 동참하지 않을 것이다. 중생심 속의 희심은 누군가의 슬픔과 아픔을 딛고 있다. 그래서일까. 중생심의 희심을 즐기는 데엔 적잖은 에너지가 소모된다. 세상이 일체인 한 덩어리가 아니라면 이런 희심을 홀로 즐긴다고 하여 과도한 에너지가 소모될 리는 없을 것이다. 그러니 중생심의 희심이 발동하여 우쭐할 때엔 고요한 방에 들어가, 푸들거리며 흥분하는 욕망을 왕소금에 절인 채반 위의 김장 배추처럼 참하게 숨죽이도록 하는 게 어떨까 한다.

140 전등傳燈

전등은 등燈을 전하는 일이다. 등燈이란 진리이다. 『전등록傳燈錄』이라는 유명한 책도 있고, '전등사傳燈寺'라는 오래된 절도 있다. 수많은 사람들이 찻집에 앉아서 이야기에 열중하고 있다. 그들도 진리의 등불을 주고받느라 그나름으로 애쓰는 것일 터이다. 학교마다 학원마다 한밤중까지 전등불이 환하다. 그들 역시 진리의 등불을 켜고 진리를 주고받고자 애쓰는 중일 터이다. 사무실에도 가게에도 정신없이 무언가에 몰두하는 사람들이 가득하다. 그들 역시 진리에 목말라 그런 일을 하고 있는 것이라 생각해본다.

141 점안식點眼式

〈눈먼 자들의 도시〉라는 소설과 영화가 주목을 받은 바 있다. 한 도

시의 사람들이 전염병 번지듯 수도 없이 눈이 멀게 되었다는 끔찍한 이야기다. 이렇듯 마음의 눈이 머는 것도 전염병 같은 것이라면, 역으로 마음의 눈을 뜨는 것도 유행처럼 퍼져나갈 수는 없는 것일까. 육안肉眼도 늘 충혈돼 있는 사람들에게 심안心眼, 혜안慧眼, 법안法眼, 불안佛眼 등과 같은 내면의 눈이 밝아져야 한다고 주문하는 것은 과도한 기대일까. 그렇더라도 바람직한 것은 계속하여 언급되어야 하고, 전달되어야 한다. 우리가 어디로 가는지는 알고 있어야 하지 않겠는가. 장님이 되어 살 수는 없지 않은가. 존재와 인생이라는 이 몸뚱이에 '점안點眼'을 해야 하지 않는가.

142 도반道伴

중생심을 벗고 보면 도반 아닌 것이 없다. 우주삼라만상이 서로 도반이다. 지수화풍地水火風 4대大도 서로 도반이고, 이들의 조합으로 이루어진 만물도 서로 도반이다. 고비사막쯤에 가서 모래알들이 서로 도반으로 누워 있는 것을 본다. 몽골 초원쯤에 가서 키 작은 풀들이 서로 도반으로 꽃피우고 살아 있는 것을 본다. 그 사막과 초원과 그들을 닮은 바다에서 상하, 좌우, 동서, 남북이 서로 도반으로 음양처럼 어울려 있는 것을 본다.

143 서역西域

서역에 가서 불법을 구해 오는 것이 꿈인 시절이 있었다. 그 흔적은 오랫동안 남아 있어서 시인 서정주까지 "서역 삼만리"라고 시를 쓰며, 그쪽의 아련한 영성을 그리워하곤 했다. 인도에서 한국으로 유학 온 한 청년의 깊고 둥근 두 눈을 마주치게 되면, 나 역시 나도 모르게 서역의 몽상에 한순간 잠겼다 빠져나오곤 한다. 요즘은 그 서역이 서양으로 바뀌어버린 듯하다. 서양에서 불어오는 바람도 참 대단하기는 하다. 그 유혹과 매력을 따라 지금까지도 수많은 사람들이 비자를 받으려고 서양 국가의 이런저런 대사관 앞에 긴 줄을 서고 있다.

144 감로수甘露水

같은 물이라도 뱀이 마시면 독이 되고, 소가 마시면 우유가 된다는 이야기를 들어봤을 것이다. 뱀이 들으면 화가 나겠지만, 인간적인 소견에서 말한 것이니 널리 새겨들을 수 있을 것이다. 어린 시절, '왜 다 같은 밥 먹고 인생을 그렇게 다르게 사느냐'며 함부로 사는 젊은이들을 향하여 나무라던 어른들의 소리가 기억난다. 지금도 사찰마다 흐르는 감로수를 떠가겠다고 마을 사람들이 이른 시간부터 줄을 서서 기다린다. 그러나 어떤 마음으로 물을 떠가고 마시느냐에 따라 그 물은 각각 다른 물이 될 것이다. 『물은 알고 있다』의 저자가 말했다고 한다. 물도 살아 있는 우주적 생명체라고, 그도 깨끗한 사랑을 받아야만 육각형의 싱싱한 물로 탄생한다고 말이다. 사랑의 다른 말인 참마음을 내면 물이 아니더라도 세상의 모든 것은 다 감로수로 변할 것이다.

145 자등명自燈明 법등명法燈明

자신을 등불로 삼아 밝아지고, 법을 등불로 삼아 밝아지라는 석가모니 부처님의 유언은 언제 들어도 감동적이고 명쾌하다. 유언이라면 이 정도는 돼야 하지 않을까. 쓸데없는 욕심과 어리석음이 가득한 말들을 유언이라는 이름으로 자식들에게 발설하지 말자. 그냥 조용히 떠나자. 떠남의 순간만이라도 업을 짓지 말자.

146 일주문一株門

그 자체로 한 그루 거대한 나무[一株]인 대우주 아래 장난감처럼 조그만 나무 일주문이 사찰 입구에 서 있다. 하느님이 보시기엔 소꿉장난하는 것 같겠지만 사람들은 그런 장난감이라도 있어야 사는 실감을 느낀다. 건물마다 집집마다 일주문 같은 문을 세우고 대문大門이라 이름 붙인다. 세워놓은 나무문 하나가 세간과 출세간, 이 집과 저 집, 나와 남을 구분한다는 게 우습기도 하고, 놀랍기도 하다.

147 여래如來

시인 최승호의 딸 이름이 여래如來다. 이 사실은 내가 개인적으로 안 것이 아니라 그의 시를 읽다가 발견한 것이다. 여래란 여법하게 오신 분이란 뜻이다. 이것이 석가모니 부처님의 10가지 명호名號 가운데 하나임은 누구나 아는 사실이다. 그렇지만 누군들 여법하게 오지 않았을까. 우주만물이 모두 여법하게 왔다. 그러나 우리는 여법하게 온 것을 모르고, 귀한 사람이 천한 사람 되어 살 듯, 어리석음 속에서 살아갈 뿐이다. 이 세상 수많은 여래들이 여래인 줄 모르고 우왕좌왕하고 있다. 또 수많은 여래들이 여래인 줄 모른 채 횡설수설하고 있다. 그런가 하면 수많은 여래들이 먼 곳에 여래가 있다면서 그곳을 향하여 가느니, 그곳으로부터 오느니 하고 있다.

148 초전법륜初轉法輪 1

부처님도 녹야원에서 첫 설법을 하실 때, 첫 강의하는 신임교사처럼 마음이 떨렸을까. 대학에서 첫 강의를 하고 마음이 벅차서 점심식사를 설쳤던 25년 전의 한때가 생각난다. 지금도 강의시간이 다가오면 공연

하는 배우처럼 긴장이 된다. 부처님도 팔만사천 법문을 하시며 늘 그러하시지 않았을까 짐작해본다. 설법도, 강의도 언제나 초연初演과 같은 것이어서, 한 번도 연습한 것을 그대로 복사하듯 재연할 수가 없다. 그러고 보면 모든 설법도, 모든 강의도, 또 매일 아침 새로 시작되는 우리의 인생도 늘 초전법륜과 같이 떨림과 기대 속에서 이루어지는 것이다.

149 이심전심以心傳心

꼭 물질로서의 신표信標를 보여줘야 믿는 사람이 있다. 그런가 하면 지나가는 말만 바람처럼 전해도 알아듣는 사람이 있다. 더욱이 아무 말을 하지 않아도 이심전심으로 전달되는 사람이 있다. 부처님은 마하가섭에게 전한 바도 없고 마하가섭은 부처님으로부터 전해 받은 바도 없다고 한다. 이들의 대화를 이심전심이라고 하는데, 아무리 생각해도 그것은 이심전심조차 넘어선 차원 같다.

150 불퇴전不退轉

고속도로도 '도道의 길'인 도로道路라고 그 위에서 불퇴전의 용기를 내는 사람들이 적지 않다. 결코 물러서지 않겠다는 각오로 불을 번쩍거리며 앞사람에게 경고를 하며 어딘가를 향해 질주하고 있다. 그들이 가는 곳은 어디일까. 그곳에서 기다리는 것은 무엇일까. 그곳에 도착하여 그들은 무엇을 할 것이며, 어떤 것을 구할 것인가. 혹시 도착하자마자 또 다른 곳을 향하여 질주하는 것이 목적은 아닐까. 질주는 한자로 '疾走'라 쓴다. 빨리 달린다는 뜻보다 '질병 같은 내달림', '흠이 있는 내달림', '괴로운 내달림', '해독을 끼치는 내달림' 등의 뜻이 더 깊이 스며 있다. 누구든 내달리면 보이지 않는다. 모든 것을 건너뛰거나 스칠 뿐 만날 수가 없는 것이다.

151 니르바나

필리핀 마닐라에서 본 한 유흥업소의 이름이 '니르바나'이다. 밤이 깊어질수록 가난한 도시의 니르바나 간판이 찬란하다. 죽음과 같은 무아無我 속에서만 니르바나가 찾아온다는데 그곳의 사람들도 무아지경無我之境을 체험하는 것일까. 그러나 진정한 무아는 나를 잊거나, 잃는 것이 아니다. 그것은 무지하여 잊거나 잃었던 큰나를 본래대로 되찾는 것이다. 그런 점에서 무아는 나를 버리는 것이 아니라 나를 넘어서는 것이다. 버리는 것은 포기이지만 넘어서는 것은 사랑이다.

152 불사佛事

구하는 바, 바라는 바 없는 불심佛心의 행行은 모두가 다 불사佛事이다. 세상에 무심無心으로 나무 한 그루 심는 것은 불사일 수 있지만, 큰 법당을 짓더라도 사심私心의 구하는 바가 있다면 거래에 그친다. 그것이 진정 불사인지 아닌지는 자신만이 알 것이다. 블랙박스 같은 자신의 심연은 남이 접근할 수 없는 통제구역이기 때문이다.

153 선방禪房 1

출입금지 팻말이 서 있는 사찰 내의 선방은 늘 호기심과 존경의 대상이다. 그곳에 얼마만큼 머물면 둘까지도 셀 필요가 없을 만큼 단순해지며, 바깥으로 나가지 않고도 은하 너머를 볼 수 있고, 닿아볼 일조차 생각하지 않고 영혼의 무게를 공空으로 돌려놓을 수 있을까. 한때는 멋진 서재를 갖는 것이 꿈이던 시절이 내게 있었다. 이제 모든 서가의 무거운 책들을 내려놓고 자유와 고요가 전재산인 선방 하나를 은밀히 갖고 싶다.

154 법성게法性偈

재도載道든, 관도貫道든 도道를 품고 있어야 시詩도 빛이 난다. 시는 물론이거니와 인간이 만드는 모든 것들이 다 그러하다. 넘치지도 모자라지도 않는 중도中道, 이쪽과 저쪽을 아우를 수 있는 중도, 그 중도의 정신이 깃들 때 존재는 아름답다. 「법성게」는 중도를 끊임없이 노래한다. 「법성게」가 새겨진 절마당의 화엄일승법계도華嚴一乘法界圖를 한 무리의 어린 아이들이 신기한 듯 놀이터처럼 돌며 논다. 돌다 보면 제자리로 돌아가는 이 그림 좌표 위에서 여름 저녁 나절의 잠자리떼들도 그들의 길을 빙빙 돌며 아이들처럼 논다.

155 무위진인無位眞人

어느 잘 생긴 문인의 명함을 받아보니 그 위상位相이 찬란하다. *** 회장, *** 위원장, **** 협회장, ***위원, ****이사, ***주간, ***사장, ***고문, ***문인협회회원, 국제***문인협회회원…… 이름을 다 외울 수가 없다. 생각 있는 시인은 '시인'이라는 이름조차 번거로운 허명虛名이라 여기는데 그 수많은 위상을 무겁게 짊어지고 어떻게 때 묻지 않은 최초의 언어를 가볍게 구사할 수 있는지 모르겠다. 깨닫고 보면 우리는 한 군데도 머물 바가 없고, 머물 수도 없는 무위진인이다. 엄마, 아빠, 할머니, 할아버지, 선생, 학생 등과 같은 위상도 다 경직된 사회적 허명에 불과하다. 우리들의 삶에서 이런 이름만 내다버려도 내면의 비만증은 몰라보게 치유된다. 죽어서까지 비문에 이름을 새기려고 안달인 한국인들에게 이런 제안이 얼마나 받아들여질지는 여전히 의문이지마는 말이다.

156 무사도인無事道人

'요즘 별고別故 없으시지요?', '무사無事하시지요?' 라고 시골마을 사람들조차 아무렇지도 않게 인사를 나눈다. 불교의 심오한 뜻이 일상생활 속에 깃들어 생활언어가 된 것이리라. 그러나 우리가 우주 자체라는 사실이 깨달아지면, 세상은 그야말로 매순간 무사하다. 노력하지 않아도 늙어가듯이, 염려하지 않아도 해가 뜨듯이, 잠을 자고 일어나도 하늘은 둥글듯이, 아무 일 없는 무사의 세계가 당도한다. 무사한 세계 속에서는 태어나고 죽는 일이, 세상의 부귀권세가 그저 구름의 취산이나 흐름 같다. 이렇게 무사한 함선을 타고 왜 그리 '유사시有事時'와 같은 위급한 삶을 살았는지, 지난날들이 어처구니가 없기만 하다. 그리고 앞으로도 남아서 당도할 그 습習이 걱정스럽다.

157 가피加被

기독교의 은혜와 불교의 가피는 비슷하다. 기독교의 은혜는 성령이 임해야 찾아오고, 불교의 가피는 법계와 하나가 되어야만 입게 된다. 사실 성령이나 법계나 같은 뜻의 다른 표현에 불과하다. 무아가 된 원력을 세우면 하나님이든, 우주든 그 소망에 협력하여 선을 이룬다. 하나님과 내가, 우주법계와 내가, 동체가 되어 '지선귀일至善歸一'하게 되는 것이다. 아브라함이 이삭을 바쳤듯이, 나라는 에고를 법계 속에 헌신하면 저 먼 곳이 아닌 내 마음 속에서 하나님과 진리의 음성이 현현하는 것이다. 그 소리야말로 이 세상에서 가장 아름다운 복음福音이다.

158 조복기심調伏其心

마음은 빌딩처럼 수시로 발기한다. 내가 제일이라고, 내가 물질도, 사랑도, 인정도 모두 받아야 한다고 폭군처럼 소리를 지르면서 허둥댄다. 불길처럼 에고의 욕망이 타오르는 이 세상에서, 그러나 가만히 아래쪽을 바라보면 참한 흙마당이 넓이로 누워 있다. 우리의 마음을 '조복' 시키면 우리는 흙마당처럼 평평平平한 세계로 입적入寂한다. 그 적멸 속에서 우리는 일어나는 일 없이 늘 평화롭고 자적自適하다.

159 활구活句

선어禪語의 핵심은 그것이 활구냐, 사구死句냐 하는 것이다. 그러나 아무것도 아닌 말도 듣는 사람이 잘 들으면 활구가 되고, 대단한 활구도 듣는 자와의 인연이 없으면 사구가 된다. 활구냐, 사구냐 하는 것은 어찌 보면 이 세상에 없는 질문이다. 다만 그것이 작용하는 인연의 장이 있을 뿐이다.

160 연화蓮花

연꽃에 대한 편애가 대단하다. 연꽃이 혹사당하고 있는 것은 아닌지 모르겠다. 무엇이든 지나친 주목을 받으면 늘 탈이 난다. 사랑의 시선도 마찬가지이다. 그냥 두면 모든 게 잘 자란다. 그리고 잘 흘러간다. 산도, 강도, 풀도, 꽃도, 그리고 사람도 그냥 좀 놔두자. 그래야만 우리가 꿈꾸는 상상 속의 연꽃처럼 그 모든 것이 물듦 없이 자연 그대로 청정해진다.

161 진신사리眞身舍利

순도 백퍼센트의 진신이 되려면 자동차의 엔진오일을 바꾸듯 몸의 피를 우주의 마음으로 모두 바꾸어야 한다. 우주심의 피가 흐르면 우리는 새 존재가 된다. 기독교 성찬식에서도 예수의 피(포도주)와 살(빵)을 먹고 사람들이 중생重生을 체험한다. 우주심이 흐르는 몸이라면 그 몸은 사리가 나오지 않아도 그대로 사리가 흐르는 진신이다.

162 불이법不二法

언젠가부터 '하나'라는 이름이 인명으로도, 상호로도 애용된다. 그런데 이 명호가 다른 것과 분리된 '유일자'이자 '최고의 우월한 존재'라는 뜻인지, 우주 삼라만상과 하나가 된 전일적全一的 존재라는 뜻인지, 지은이의 속뜻이 궁금하다. 후자일 것이라 기대하지만, 지금은 에고의 팽창을 꿈꾸는 일등지상주의의 세상인지라 전자일 가능성도 영 저버릴 수는 없다. 둘이 아니라는 말은 셋도 아니라는 말이다. 셋이 아니라는 말은 물론 넷도 아니라는 말이다. 일체의 분리와 차별을 넘어서는 이 '불이'란 말은 더 이상 분리될 수 없을 만큼 분리되고, 더 이상 차별지을 수 없을 만큼 차별지어진 이 사바세계의 혁명적 치유책이자 처방전이다. 불이가 획일劃—을 말하는 것은 아니다. 획일은 죽음이기 때문이다. 전일성의 우주는 획일을 꿈꾸는 독재자가 아니라 무한을 가리키는 최고의 자유주의자이다.

163 무학자無學者

반달 눈썹을 가진 지운智雲 스님이 불교 티브이 강의에서 지나가며 한 말씀 하신다. "오래 사는 것은 좋은 일이지요. 왜냐하면 수행하고 공부할 수 있으니까요"라고 말이다. 우리가 길고 고단한 여정을 거쳐 이 땅에 인간의 몸을 입고 찾아온 것은 세속적 성공을 위해서가 아니라 '쉬기 위해서' 라는 것이다. 사심을 쉬는 것, 그리하여 번뇌망상으로부터 쉬게 되는 것, 쉼으로써 삶이 진정 자유롭고 평화로워지는 것, 그리하여 마침내 배울 것이 없는 무학의 단계에 도달하는 것, 그것이 이 세상에 온 까닭이라는 것이다. 그러나 이 세속에서 쉬는 것만큼 어려운 일도 없다. 채우지 않고 비워야 쉼이 가능한데 이 마을에선 여가라는 쉬는 시간조차도 채움의 한 과정이 되어버렸다. 그리고 학교에서도 그런 공부를 가르치고 시험을 보아 점수를 매긴다.

164 노심怒心 혹은 분심忿心

노심은 희심喜心과 한몸이다. 사심私心의 일시적 채움인가, 그것의 결여인가 하는 점이 다를 뿐이다. 이런 채움은 결여를 품고, 그 결여는 채움을 기다리고 있다. 그러므로 크게 기쁜 자는 크게 노할 가능성을 늘 갖고 있다. 화난 얼굴들이 처처에 가득하다. 지하철 안에도, 버스 속에도, 동사무소 안에도, 가정집에도 화난 얼굴의 사람들이 울근불근하고 있다. 그 중에는 자신을 공격하며 입을 다문 사람도 있고, 타인을 공격하며 입을 함부로 여는 사람도 있다. 이들이 머무는 방안은 기운이 어지럽고 난폭하다. 네가 이겨서 내가 졌다고, 너를 이겨야 내가 산다고, 매순간 계산하며 싸우는 난경難境이 거기에 있다.

165 영산회상靈山會相

한국은 전 국토의 70퍼센트가 산이라고 초등학교 때부터 배웠다. 어떤 산도 영취산이 될 수 있다면 이 많은 산이 다 영취산이 될 수 있다. 전국토의 70퍼센트를 이루는 산에서 영산회상의『법화경』강설처럼 경전을 공부하는 소리가 들려오는 세계를 상상해본다. 천상에 가까이 머리를 대고 있는 산은 보통 사람들에게도 탈속을 체험하도록 한다. 좌충우돌하던 사람들도 산에 가면 정숙해진다. 산이 내준 길만을 초보 등산객처럼 따라갔다 돌아오기만 해도 존재는 이전보다 한결 가뿐해진다.

166 정토淨土

모든 그리움이 질병이듯이 정토에 대한 그리움도 질병이다. 그리움은 지금 이곳의 완전성을 모르고 먼 시간과 다른 공간에 마음을 빼앗기는 일이다. 멀고 다른 어떤 곳이 우리의 마음을 지배하는 한, 우리는 늘 도달할 수 없는 그리움 속에서 산다. 그리움에 마음 털리며 수많은 사람들이 나이를 먹는다. 더 이상 이승에서 나이를 먹는 일이 불가능해질 즈음, 그래도 현명한 사람들은 정토가 저쪽이 아니라 지금, 이곳임을 깨닫는다. 그런 사람들은 내생이니 후생이니 하며 죽음 너머의 세계를 말하지 않는다. 우리가 이 땅에서 살아온 전 과정이 실은 정토에서의 삶이었다는 것을, 문제는 우리들의 어리석음 속에 있었다는 것을 그들은 알기 때문이다.

167 적멸궁寂滅宮

입적入寂해야 적멸이 온다. 육체적 죽음으로서의 입적 말고, 마음의 대사저인大死底人이 되어 입적해야 적멸의 시민이 된다. 나무석가모니불을 외우며 서울에서 내려왔다는 한 무리의 아주머니들이 오대산 상원사의 적멸궁을 향하여 연신 참배하며 올라간다. 그들이 가는 길을 등산객들이 아무 말 없이 비켜준다. 부디 서울 아주머니들이 서울로 올라갈 즈음엔 그들의 존재가 입적 쪽으로 기울어졌으면 좋겠다. 공해처럼 달라붙은 서울의 삼독三毒이 말끔히 씻겨 내려갔으면 좋겠다.

168 불공佛供

많은 사람들이 불공을 드리러 절에 간다. 불상 앞의 불단은 불공드린 것들로 언제나 화려하게 장엄돼 있다. 마땅히 불공을 받을 만한 분이라는 뜻에서 부처님의 이름은 '응공應供'이기도 하다. 그러면 부처님께서는 무엇을 이 중생들이 드리면 가장 기뻐하실까. 아무것도 부족함이 없는 부처님이 정말 우리들에게 무엇을 원하시기는 하시는 것일까. 부처님이 45년간 끊임없이 설법하신 것을 보면 아무래도 부처님이 원하시는 것은 법을 깨달았다는 알림일 것 같다. 선생이 되어보면 가장 즐거운 일은 학생들이 가르친 것을 잘 이해하는 일이다. 맹자님도 천하의 영재를 두는 것이 삼락三樂 가운데 하나라고 한 것처럼 부처님도 법을 잘 이해하여 수지독송하는 제자들이 오기를 기다리셨을 것이다.

169 무문관無門關

문 없는 안쪽의 시간. 매미도 땅 속에서 무문관의 시간을, 나비도 고치 속에서 무문관의 시간을, 동동주도 항아리 속에서 무문관의 시간을, 젓갈도 왕소금 속에서 무문관의 시간을, 학자도 연구실에서 무문관의 시간을, 아기도 엄마 뱃속에서 무문관의 시간을 보내야 부화한다. 부화는 부활이다. 존재가 하늘의 공기처럼 가벼워지는 것이다.

170 오체투지 五體投地

몸 전체를 대지에 던진다. 대지와 일체되는 기쁨이 무엇인지를 안다. 오체투지하는 순례객들이 그들의 몸으로 길을 만들며 사원으로 향하고 있다. 그러나 순례객이 아니더라도 우리는 모두 대지와 일체 되는 시간을 가져야 산다. 밤이 오면 직립의 시간을 마치고 오체투지하듯 대지에 전신을 맡기고 쉬어야 하는 것이다. '인간의 병은 잠으로 치유되고, 삶은 죽음으로 치유된다' 는 말이 있다. 하룻밤이든 영원과 같은 죽음의 시간이든, 대지에 오체투지하는 일은 죽었다 다시 살기 위한 오래된 생명의, 지혜의 산물이다.

171 원통 圓通

둥글게 통달하면 자유자재하다. 작은 지식이 늘 말썽이다. 통달한 자에게선 둥근 기운이 감돈다. 그들의 말도, 행동도, 뜻도 모두 전체를 아우르는 온전성을 지녔기 때문이리라. 가을의 열매들도 모두 둥글다. 감이며, 사과며, 수수며, 도토리 등속이 모두 둥근 기운을 전하고 있다. 열매가 되기까지 그들도 깊은 수행으로 원통의 경지를 이룩하고자 애썼을 것이다.

172 이근원통耳根圓通

육근六根을 통한 원통 가운데 이근원통이 가장 어렵다고 한다. 눈은 감을 수 있지만 귀는 닫을 수 없고, 눈은 앞의 것만 보지만 귀는 뒤엣것도 듣고, 눈은 무형의 것을 볼 수 없지만 귀는 형태 없는 것들도 알아듣기 때문이다. 이근원통이 된 나이를 '이순耳順'이라고 부르는지 모르겠다. 어젯밤에는 천둥소리에 놀라서 잠을 설치고, 그저께 낮에는 강아지 소리로 불쾌해하고, 몇 년 전에는 남의 비난소리에 마음 상했다. 그저 모든 것이 우주의 자정운동이자 균형활동인 것을, 자신이 누구인지도 모르는 자가 내뱉은 망언인 것을, 나는 그들에 사로잡혀 평상심을 잃고 허둥거렸던 때가 있었다. 부처님의 귀가 왜 그리 큰지 조금은 알겠다. 부처님이야말로 이근원통을 귀로 가르치고 있는 것인지 모르겠다.

173 육근六根

세상과 소통하는 최전선에 안이비설신의眼耳鼻舌身意가 있다. 이들은 우리 몸의 안테나이다. 그러나 표면에 머무는 도구가 아니라 뿌리를 지니고 있는 우주생명이다. 안이비설신의에 각각 '근根' 자를 붙여 안근眼根, 이근耳根, 비근鼻根, 설근舌根, 신근身根, 의근意根이라고 부르는 까닭은 이 때문일 것이다. 이들의 뿌리는 우리의 마음의 오지에까지 닿아 있다. 그 심해心海인 심해深海의 오지에서, 우리가 보이지 않는 한 마음을 어떻게 쓰느냐에 따라 이들은 다르게 활동한다. 육근이 육체적 기관이 아니라 현현玄玄한 마음의 현현顯現임은 이를 두고 하는 말이다. 자고로 안이비설신의의 환유인 이목구비가 수려해야 길상吉相이라고 한다. 그런데 그 이목구비는 하늘이 점지한 타율적인 것이 아니라 우리들의 심왕心王이 스스로 잉태하고 창조한 것이라는 점이 기억되어야 한다.

174 수기授記 혹은 기별記別

우리는 누구나 불성佛性과의 만남 속에서 감동한다. 이것은 모든 이가 이미 부처임을 수기授記받았다는 증거이다. 감옥에 있는 죄수도 '맑은 감동'을 한다. 맑은 감동은 중생심의 행복감과 구별된다. 바라는 바 없이, 구하는 바 없이, 어떤 행동 앞에서 무방비로 마음이 열리는 것이다. 홍수가 나듯 무방비로 마음 문이 열릴 때 그 불성의 놀라운 폭설이 엄습하는 현장에서, 우리는 쓰러지지 않을 재간이 없다. 삶은 재간으로 얼마간 근근이 이어갈 수 있지만 '맑은 감동'이 없으면 오래 지속될 수 없다. 비록 장수를 한다 해도 그런 삶은 비루하고 캄캄하다.

175 탁발托鉢 1

휴가철이라고 수많은 사람들이 여행가방을 챙겨 길을 떠난다. 그들은 무엇을 탁발하러 떠나는 것일까. 부디 법을 탁발하고 돌아왔으면 좋겠다. 천지를 발우에 담고, 자연을 발우에 담고, 우주법계의 진실을 발우에 담고 왔으면 좋겠다. 그리곤 그 법을 나누어주었으면 좋겠다. 보시 가운데 최고의 보시가 법보시라는데 비싼 돈과 귀중한 시간을 들인 여행의 공덕이 무량했으면 좋겠다. 맑은 계곡, 깊은 산, 푸른 강물, 드넓은 바다, 푸르른 창공, 이국의 도시가 그들에게 무상보시를 하듯 설법을 했으리라 생각한다. 틀림없이 그들은 찾아온 여행객들에게 그들이 실망하지 않도록 최선의 법보시이자 법공양을 했을 것이다.

176 육바라밀六婆羅密 1

불교 티브이에서 지계持戒에 대해 강의하던 목정배 선생이 바라밀을 가르치는 시간에 농담을 한다. "바라밀이란 바라지 않고 밀어주는 것이에요, 알았지요?"라고 그 특유의 활달한 목소리로 말이다. 보시, 지계, 인욕, 정진, 선정, 지혜, 이 6가지의 어느 것도 그것에 철저하면 우리를 바라밀로 데려다준다고 한다. '바라밀'을 하려면 도박하듯 그냥 믿고 생을 그것에 '올인' 해야 한다. 의심하며 우물쭈물하다간 죽도 밥도 안

된다. '우물쭈물하다 내 이럴 줄 알았다'는 버나드 쇼의 자작 묘비문도 이런 뜻을 담고 있을 것이리라. 우물쭈물하는 이 번뇌와 갈등이 우리의 싱그러운 생을 소진시킨다. 진도도 나가지 못하고 펴놓은 책장 위에서 낙서나 하다 밤을 새운 학생처럼, 시간만 보내고 매일매일의 아침을 습관처럼 맞이하고 마는 것이다.

177 범종梵鐘

우리의 성대聲帶도 몸의 범종이다. 늘 울리며 소리를 낸다. 그런데 소리가 오장육부의 신비한 인연작용에 의하여 나온다는 것을 아는 사람은 많지 않다. 그러니까 목소리 밑에는 오장육부가 저음부로 존재하는 것이다. 더욱이 오장육부가 마음작용에 의하여 움직인다는 것을 아는 사람은 아주 적다. 보이지 않는 마음의 작용을 보는 것은 더욱 어렵기 때문이다. 그리고 보면 소리는 마음의 울림이다. 그러므로 아무리 대단한 성대와 오장육부를 가졌어도 선한 마음이 작용하지 않으면 그 목소리엔 사람을 깨우는 호소력이 담기지 않는다.

178 소유所有 또는 무소유無所有

우리는 무엇인가를 소유한다. 소유는 고체성이다. 남편도, 아내도,

집도, 옷도, 개념도, 그 무엇도 상相이 있는 것은 다 고체성이다. 그러나 이토록 확실하고 구체적인 고체들의 전생, 아니 다가올 내생이 기체이거나 기체성일 수 있다는 것을 아는 자는 많지 않다. 그렇더라도 우리는 직감으로 그것을 안다. 그토록 갈망하던 고체적인 것들을 손에 쥐고 나면 하루도 지나지 않은 시간 속에, 우리는 알 수 없는 허무감을 잔잔하게 느끼기 때문이다. 이 허무감은 모든 고체와 고체성의 속이 비어 있다는 징표이다. 잠시 물질의 형태를 이룬 원자들을 분석해보면 그 속이 바람 든 무처럼 허허롭다고 과학자들은 말하지 않는가. 그러니 고체와 고체성의 원적原籍은 허허벌판 같은 기체성의 거푸집이다. 그들은 좌절하고 권태로워지기 쉬운 우리들의 소유욕을 충족시키며 자살의 시간을 유예시키는 데 기여한다. 그러니 모든 소유는 굳이 노력하지 않아도 본질적으로 무소유이다. 제아무리 견고한 소유라 할지라도 그 속엔 이미 '오온개공五蘊皆空'과 같은 무상의 길이 들어 있는 것이다.

179 염불念佛

생각하는 것이 허용된다면 오직 불성만을 염念하라. 나머지 모든 생각은 잡념이다. 잡념을 거둬낸 자리엔 한 일자의 단순함이 있다. 심플한 아름다움! 그 한 일자의 둘레에 둥근 배광이 꽃처럼 피어난다. 밝은 번짐과 하모니의 아름다움!

180 야단법석 野檀法席

석가모니 부처님이 영취산에서 『법화경』을 설할 당시, 청중의 숫자가 무려 300만 명이었다고 한다. 300만 명이라면 대구광역시 인구와 같다. 그 시절 석가족의 인구가 100만 정도인 것을 감안하면 대단한 숫자이다.

그런데 야단법석은 어디에나 마련될 수 있다. 우주삼라만상이 다 그 나름의 대체할 수 없는 법을 설하고 있는 독자적인 강백이니 말이다. 까치가 법을 설하는데 녹색 들녘의 온 식구들이 경청한다. 감나무가 설법을 하는데 온 마을 식구들이 법석의 바깥에서까지 귀를 기울이며 받아 적는다. 바위가 설법을 하는데 온 사막의 식구들이 합장을 하며 모여든다. 고래가 법을 설하는데 바다의 식구들이 심해에서까지 구름처럼 몰려든다.

세상이 온통 법석 너머까지 이어지는 야단법석의 장이다. 인간들도 저 모르게 우주의 진리를 내뿜고 있는 강백일 터이니 분명 누군가가 그 야단법석의 장에 모여 있을 것이다.

181 개구즉착 開口卽錯

내가 한 모든 말이 '착錯'에 불과하다면 내 언어의 역사는 모두가 오류의 역사다. 퇴로가 없는 게 인생이라지만, 할 수만 있다면 오류 덩어리의 내 언어사를 되돌리고 싶다. 그런데 언어의 되돌림은 실제로 마음의 되돌림이다. 착각의 언어는 언어 탓이라기보다 사심이 만들어 낸 까닭이다. 사심이 제로인 언어를 우리는 창조할 수 있을까? 사심의 흔적이 얼씬할 수도 없는 언어를 내어놓을 수 있을까? 사업私業과 공업共業이 뒤섞인 '착鐠'의 언어들이 세상 가득하다. 진리의 보고라는 도서관에도 사심의 언어가 더할 자리가 없을 만큼 이미 창고처럼 만원이다.

182 진심직설 眞心直說

사심私心인 마음을 쉬어 본심本心에 이른 상태를 진심眞心이라 한다. 진심은 굳이 중간 매개를 필요로 하지 않는다. 모든 게 직설直說이다. 그러니 범속한 형식과 수사학은 모두 다 중간매개물이다. 진심은 직설할 뿐만 아니라 직입直入한다. 모든 존재가 직설하고 직입할 수 있다면 굳이 해설사가 필요 없으리라. 어디 해설사뿐이겠는가. 콧대 높은 평론가도, 변호사도, 학자도 필요하지 않을 것이다, 아무런 언어도, 매개도 없는 세상에서 천지가 일물一物로 온전하다.

183 산승山僧

산의 종점에 산사山寺가 있다. 산사가 종점과 같은 오지에 뿌리를 두지 않았다면 그 시원성은 많이 훼손되었을 것이다. 이런 산사에 산승이 산다. 산승의 마음은 산의 종점 혹은 오지에 뿌리를 내리고 있을 것이다. 산승은 산사의 자녀이자 그와 한몸인 존재이다.

들에 비하면 산 속은 멀고 가난하다. 바위가 많은 암산巖山의 산 속일수록 더욱 그러하다. 그러나 이런 산은 모든 것을 자발적으로 다이어트한 영혼의 표상과 같다. 그 가난하고 먼 세계에 산승이 산다.

184 초발심初發心 2

초발심은 최초의 발심이자 발심의 싹이다. 싹이 트고, 그 싹이 자라고, 자라서 열매를 맺고, 열매를 회향하는 과정이 이 속에 있다. 초발심을 내기만 하여도 생은 대전환에 성공한 것이다. 일단 씨를 뿌리거나 싹이 텄다면 그것은 어떤 방식으로든 제 길을 가기 때문이다. 다만 시간이 오래 걸리거나, 곳곳에 장애물이 숨어 있을지 몰라도, 그것쯤은 무한을 시간이라고 계산하는 불가의 호탕한 셈법에 의하면 문제가 되지 않는다.

지나가다 보니 개망초꽃들이 무리로 서서 무한의 씨앗을 날리고 있다. 저것들 중 몇 개의 씨앗이 내년 봄에 싹을 돋울까 걱정도 해보지만, 그들 또한 초발심과 같은 것이리라 여기며 걱정했던 마음을 내려놓는다.

185 업종자業種子

세상에 있는 씨앗의 숫자는 얼마나 될까? 현기증이 난다. 아니 놀라울 뿐이다. 유형무형의 씨앗이 대지 가득히, 온몸 가득히 숨어 있다. 어디를 만져도 씨앗이 잡힌다. 어디를 보아도 씨앗이 움튼다. 올해 텃밭에 심은 고추 속에도 작고 둥근 고추 씨앗들이 숨쉴 틈조차 없이 빼곡히 숨어 있다. 고추도, 텃밭도, 주인도 그 씨앗들을 어쩔 수 없다고 무관심에 가까운 무심 쪽으로 마음을 돌리고 산다.

186 말법시대末法時代

그렇게 강렬하던 체험도 시간이 지나면 흐릿해진다. 그토록 신성하던 사랑도 세월 따라 때가 묻는다. 그토록 견고한 약속도 시간 앞에선 힘을 잃는다. 부처님의 말씀을 처음 듣던 날, 사람들은 각성의 눈을 뜨고 죽어도 좋을 것 같은 환희감을 경험하였을 것이다. 그것은 지금, 여기서, 이대로 죽어도 아무 여한이 없는 그런 자족감이자 해방감일 터이다.

그러나 시간은 훼방꾼이다. 아니 인간은 믿을 수 없는 존재이다. 시간과 인간 속에서 부처님의 금강석 같은 법도 말법시대를 맞이하고 말았다. 말법시대란 사람들의 영혼이 탁해지고 분열된 시대이다. 부처님의 법문을 까맣게 잊고 딴짓을 본업으로 삼는 시대이다.

187 관조觀照

관조는 방관이 아니다. 정확하게 꿰뚫어 밝혀내는 일이다. 꿰뚫음은 '관觀'이요, 밝혀냄은 '조照'이다. 꿰뚫어서 밝혀낼 수 있는 경지가 되면 삶은 무리하지 않아도 길을 만든다. 무리하다가 우리의 생이 다 간다. 무리는 언제나 업을 만든다. 무리의 덩어리가 업장이다. 관조하지 못하는 대가가 매일 처리할 수 없는 광고지처럼 마음의 뜨락 앞에 수북이 쌓인다.

188 정진精進

일념으로 행하는 정진의 중요성이 가슴 속에 사무치게 파고든다. 정진하지 않고는 아무것도 이룰 수 없다. 산만하게 두리번거리다 세월이 다 가는 이 세상에서, 바른 정진이야말로 목표에 이르는 최고의 신약이다. 정진하면 우리의 몸은 세상과 빠듯이 하나가 된다. 새가 기류를 타고 틈 없이 앞으로 나아가듯, 우리와 세상 사이에 간극이 없어지는 진전이 있다. 사람들은 간극을 외로움이라고, 갈등이라고, 쓸쓸함이라고, 불행이라고, 아픔이라고, 실패라고 이런저런 이름을 붙이면서 괴로워한다. 그런 점에서 정진은 치유의 영약이기도 하다.

189 자아自我

내가 아픈 것이지 아픈 것이 내가 아니다. 내가 즐거운 것이지 즐거운 것이 내가 아니다. 희노애락애오욕이 나의 업식이지, 그 업식이 나는 아닌 것이다. 이 모든 것은 왔다 가는 것일 뿐 나 자체는 아니다.

나라고 생각하는 한 개체가 있을 뿐 그 개체가 반야의 나는 아니다. 나라고 생각하는 한 개체의 움직임이 있을 뿐이지, 그 움직임이 법계는 아니다. 반야와 법계는 거대한 뿌리다. 우주 전체가 하나의 뿌리인 것이다. 그 뿌리를 잊고 스쳐가는 환영에 집착할 때, 환영과 동일시된 자아는 표면의 꿈 같은 삶만을 살아갈 뿐이다.

190 불구부정不垢不淨

사람들은 자신이 좋아하는 것을 옳다고 생각한다. 좋아함과 옳음 사이에는 큰 거리가 있다. 사람들은 자신이 싫어하는 것을 틀리다고 말한다. 싫어함과 틀림 사이에도 엄청난 거리가 있다. 사람들은 자신에게 육체적, 정서적, 심리적 쾌감을 주는 것에 대해 깨끗하다고 생각한다. 그러나 주관적 쾌감과 객관적인 깨끗함 사이에는 큰 심연이 놓여 있다. 사람들은 자신에게 육체적, 정서적, 심리적 불쾌감을 주는 것에 대해 더럽다고 생각한다. 마찬가지로 불쾌감과 더러움 사이에는 잴 수 없는 간극이 놓여 있다. 세상의 모든 것은 그냥 있다. 더럽지도 깨끗하지도 않다. 사람에 따라, 보는 자리에 따라 달라질 뿐이다. 존재에 따라, 시절인연에 따라 바뀔 뿐이다. 중생심의 안목으로 보면 세상은 언제나 분리되고 차별된다. 중생심으로 만들어낸 깨끗함과 더러움의 분리는 그들의 마음만큼이나 믿을 수가 없다.

191 정견正見

내가 누구인지를 바르게 보지 못하면 삶은 죽는 날까지 뒤뚱거림의 연속이다. 그리고 내가 누구인지를 모르는 주변 사람들의 말이나 흉내 내다가 한 세상이 다 흘러간다. 이 세상에 내가 왜 왔는지를 모르면 하는 일마다 오류다. 더욱이 이 세상에 왜 왔는지 모르는 사람들의 행동에나 마음 쓰다 나날이 저물고 만다. 내가 지금 어디에 있는지를 모르면 갈 길도, 할 일도 보이지 않는다. 기독교의 하나님이 '아담아 너는 지금 어디에 있느냐'고 물은 것도 이런 점과 관련이 있을 것이다. 나는 지금 어디에 있는가. 이 거대한 중중무진重重無盡의 연기緣起 속에서 무엇을 하고 있는 것인가. 공부를 하겠다고 대들었으면 이 물음을 반드시 통과해야 할 것이다.

192 문중門中

우주 전체가 하나의 문중이다. 우주의 대담하지만 섬세한 셈법에 의하여 찰나마다 우주 전체의 균형이 이루어진다. 통시적 균형과 공시적 균형, 큰 균형과 작은 균형, 통시적 균형과 공시적 균형 사이의 균형, 큰 균형과 작은 균형 사이의 균형, 나열할 수 없는 수많은 균형들이 더 큰 균형에 포함되며 더 작은 균형들을 포함하며 우주 속에서 이루어진다.

지금 내가 이렇게 컴퓨터를 치는 일도 우주의 균형잡기에 영향을 주고받는다. 우주는 넘치면 덜어내고 모자라면 보충한다. 왼쪽으로 기울면 오른쪽으로 잡아당기고 위쪽으로 들뜨면 아래쪽으로 중력을 발동한다. 참으로 진공묘유다. 일물一物인 우주가 보이는 곳과 보이지 않는 곳에서 진공묘유의 멋진 균형을 연주하고 있다.

193 초전법륜初轉法輪 2

이 대우주가 처음으로 법륜을 굴리기 시작하였을 때, 그 모습은 어떠하였을까. 우주는 왜 맨 처음에 법륜을 굴리기 시작한 것일까. 과연 그때 법의 수레바퀴는 잘 굴러갔을까. 지금도 우주는 법륜을 굴리고 있다. 우주 자체인 나 자신도 서툴지만 법륜을 굴리고 있는 것이다. 법의 수레바퀴는 일단 굴러가기 시작한 이상 그칠 줄 모르고 영원의 강처럼 흘러가는 것이 어쩔 수 없는 이치이다. 그것을 운명이라 말할 수도 있고, 알 수 없는 신비라 얼버무릴 수도 있을 것이다.

194 지관止觀

멈추어라. 그쳐라. 이 세상 그 어느 것도 힘써 집착할 대상은 아니다. 멈추면 숨결이 아침호수처럼 고르게 흐른다. 그치면 걸림 없는 바람처럼 아무것도 문제가 되지 않는다. 잠시 멈추고, 그친 후 살펴보라. 비본질적인 것은 사라지고, 본질적인 것은 제 모습을 드러낼 것이다. 그러면서 그대들 모두는 걱정하지 말라고, 그대로 괜찮다고 우리를 위로해 줄 것이다.

195 비우기 1

실패에 실을 감는 것은 양陽이다. 그 실패의 실이 풀리는 것은 음陰이다. 음양의 교호작용처럼 실패에 감긴 실은 언젠가 풀려야 한다. 감기지 않은 실이 실로서의 구실을 하기 어렵듯, 풀리지 않은 실도 실의 온전성을 구현할 수 없다. 연을 날릴 때 보면 안다. 실패에 감은 실을 얼마나 잘 푸느냐에 따라, 아니 풀고 감느냐에 따라 연날리기의 미학적 수준이 결정된다. 연날리기를 하다 주인이 실패의 실을 푸는 데 인색하거나 서툴게 풀어버리면, 연은 인정사정 없이 실을 끊어버리고 남인 듯 달아나 버린다. 어찌 보면 실의 자발적인 풀어줌에 의하여 연을 날려 보내는 것이나, 실이 끊어짐으로써 연이 날아가 버리는 것이나, 그 외양은 마찬가지이다. 그러나 그 내용은 너무나 다르다. 이에 대해서는 굳이 설명하지 않아도 누구나 잘 알고 있을 것이다.

196 비우기 2

삶의 전반부가 실패에 실을 감는 과정이라면 삶의 후반부는 그 실을 푸는 과정이다. 낮 시간이 실패의 실을 감는 시간이라면 밤 시간은 또한 실패의 실을 푸는 시간이다. 우리는 매일 아침마다 실패에 실을 감았다가 매일 밤마다 그 실패의 실을 풀어버린다. 감는 일도 예사롭지 않지만, 푸는 일도 고도의 수련을 필요로 한다.

  탄생이란 실패의 실을 감기 시작하는 스타트 선이다. 죽음이란 그 실패의 실을 풀어버리는 종점이다. 지그문트 프로이트의 말처럼 우리의 삶은 어린이의 다트 놀이와 같은 것인지도 모른다. 어린이들은 이렇게 논다고 프로이트는 기술한다. 다트를 던지며 포르트(사라졌네)라 외치고, 다시 다트를 끌어오며 다(여기 있네)라 외치고. 포르트와 다 사이의 무한한 반복, 그러나 다른 반복, 그것이 삶이고 우주의 법칙인지 모른다. 오직 그 던지고, 당기는 과정이 순조롭다면 삶은 순행하는 것이라 평가해도 좋을 것이다. 그러나 그것이 순조로울 것이라고 누가 앞장서서 반장처럼 거침없이 말하겠는가.

197 폐사지廢寺趾

  이 우주 전체가 절이다. 없던 절을 세우고 그 절 앞에 가서야 마음을 돌본다고 옷깃을 여미는 것은 중생들이다. 실은 없던 절이 없어진 것이니 폐사지라는 말도 공연한 것이다.

  경주 황룡사의 드넓은 빈터에서 제자리로 원시반본原始返本하듯 아무렇지도 않게 돌아간 폐사지의 자연스러움과 평화로움을 한없이 느낀다. 그리고 그 적요한 공간에서 절을 세우는 것조차도 욕망이라고, 절을 찾는 것조차도 방편이라고, 절을 만나면 절을 부수고, 부처를 만나면 부처를 부수라는 소리를 듣는다. 황룡사가 제자리로 돌아간 평원 같은 원적지原籍地엔 풀과 꽃과 새와 나비들이 아무것도 의식하지 않은 채, 제 리듬대로 놀고 있다. 우주라는 큰 절 안에서 그들은 사람들처럼 유난스럽게 무엇을 만든다고 소란을 피우지 않으며 쉬는 듯 놀고 있다.

198 공空 1

공놀이하듯 '공空놀이'를 해보자. 공놀이만 마스터하면 생은 질적 전환과 비약을 맞이한다. 그런데 공놀이에 참여할 분들은 두 가지 공을 한꺼번에 장악해야 한다. 하나는 절대적 공이고, 다른 하나는 상대적 공이다.

절대적 공은 심심深深, 묵묵默默, 허허虛虛하다. 언제, 어디든, 그 무엇에나 존재하는 우주의 흔들리지 않는 체體이다. 상대적 공은 한 마디로 무상無常하다. 단 한순간도 정지하거나 같을 수 없는 중중무진의 연기가 빚어내는 역동적 균형의 변화상이다. 그러므로 공의 값은 근본적으로 부재하거나 동일하다. 절대적 공의 값은 절대이니 그렇고, 상대적 공의 값은 늘 상대의 자리가 바뀌니 그러하다.

공놀이에 통달하면 자신도 세상도 보인다. 그러면서 세상 속에서, 세상과 함께, 그러나 물들지 않고 살 수 있다. 공놀이를 밤새워 가르친다고 광고하는 학원은 없을까? 그런 학원이 없는 것 같으니 누가 공놀이에 통달하여 '공놀이 학원'이나 하나 번듯하게 차려보면 어떨까? 산속의 수많은 산사에는 '공놀이'의 고수들이 포진해 있지만, 그보다 더 단기속성으로 공놀이를 마스터하게 해주는 고급학원 하나 차려보면 어떨까?

199 나한전 羅漢殿

5백 명의 도둑이 5백 명의 아라한으로 변모되었다는 사실은 인간이 부처임을 입증하는 적나라한 사례이다. 그러고 보면 인류 모두가 나한이 될 때 지구 전체가 거대한 나한전이 될 수 있을 것이다. 그런데 어떻게 하면 이 일이 가능할까? 육바라밀을 통하면 이런 기적이 일어날 수 있을까? 팔정도를 통하면 그런 일이 가능할까? 사성제를 탐구하면 그것이 이루어질까? 『반야심경』을 공부하면 그런 일이 성취될까? 어느 것도 다 가능하다고 선각자들은 말한다. 다만 문제가 되는 것은 우리가 그 어느 것에도 철저하지 못하다는 것이다. 철저란 밑바닥까지 닿는 일이다.

200 삼보 三寶

식욕, 수면욕, 배설욕을 충족시키는 것이 삼보일까. 그럴 것이다. 인간은 생물이니까. 생물은 우주법계의 초석이다. 그러고 보면 사람들이 평생을 두고 징징대는 성욕도 삼보에 끼지 못하는 등외等外이다. 그러니 명예욕이니, 권력욕이니, 금권욕이니 하는 것은 말할 나위도 없이 격외格外이다.

불법승佛法僧 삼보는 정신을 가진 인간들의 삼보이다. 이것을 유념하지 않으면 언제든지 우리의 삶은 비루해진다. 비루한 삶은 윤기 없는 낡은 아스팔트 바닥 같다.

201 해우소解憂所

모든 근심은 무엇인가를 취했기 때문이다. 한 치의 오차도 없는 세상은 취한 것을 다 내놓으라고 직접, 간접으로 요구한다. 내놓는 과정은 관념적인 교학敎學으로 가능하지 않다. 해우소解憂所에 가서 일을 본 사람은 설명하지 않아도 알 것이다. 해우는 몸의 직접성을 요구한다. 몸의 직접성은 참선의 구체성과 같다. 음식은 물론 이미지를, 사상을, 지식을 내놓을 생각도 하지 않은 채 어지간히 과식했으니 우리들의 걱정은 이만저만이 아니다. 근심덩어리인 이 몸을 어찌할지 난감하다.

202 세계일화 世界一花

우주는 한 그루 나무, 나는 우주나무에 핀 하나의 이파리. 나도 한 그루 나무, 내 손은 그 나무에 핀 하나의 가지. 지구도 한 그루 나무, 각 나라가 그 나무에 핀 꽃송이들. 그러나 이런 비유는 나, 내 손, 각 나라를 지엽적인 것으로 여기게 만들 위험이 있다. 그러므로 다음과 같은 수정이 필요하다. 나를 포함한 우주는 그대로 한 그루 나무, 내 손을 포함한 나 자신은 구별 없는 한 그루 거목, 각 나라를 포함한 지구는 일물一物인 한 그루 수목, 이렇게 말이다. 세계가 일화로 일렁임을 볼 때, 반야의 지혜는 고도로 발달한다. 쪼개졌던 세계가 대해大海처럼 한 몸이 된다.

203 하화중생 下化衆生

요즘의 교육과 사회는 중생을 제도한다기보다 그들을 더 큰 중생으로 키운다. 높은 교육을 받고 현대적 삶을 살아갈수록 우리의 욕망은 눈덩이처럼 불어난다. 욕망 가운데 가장 큰 욕망은 행복에 대한 욕망이다. 이때의 행복이 이기적 승리와 쾌락의 다른 이름임은 모두 알 것이다. 이런 난폭하고 유치한 행복을 개인과 사회가 합심하여 목표로 삼는다면 그 개인과 사회는 늘 빈곤상태에 머물고 말 것이다. 그렇다면 우리의 교육과 사회는 빈곤한 자들을 양산하는 이상한 세계인가. 정신적 성장, 영적 성장이라는 차원에서 보면 그런 면이 적지 않다.

204 정어正語

'개구즉착開口卽錯'이라지만 말하지 않고 어찌 살 수 있겠는가. 다만 표출한 말이 반작용을 불러일으키지 않도록 조심하고자 할 뿐이다. 어떤 말이 반작용을 불러일으키지 않는다는 것은 그 말에 사私와 사邪와 잡雜이 끼이지 않았다는 것이다. 공심空心의 말일 때, 그 말은 작용하지 않음으로써 반작용을 일으키지 않는다. 현상적 음양陰陽놀이를 애초부터 시작하지 않는다는 것이다. 음양놀이 이전의 자리에서 말이 비롯된다면 그 말은 이 세상의 어느 곳에도 흔적을 남기지 않을 것이다. 흔적을 남기지 않는 언어에 다쳐서 쓰러질 자를 아무도 만들지 않는다. 나도, 너도, 그들도 다쳐서 쓰러지지 않는 것이다.

205 바라밀波羅密

피안은 저쪽뿐만 아니라 바로 지금 이곳이기도 하다. 다른 눈으로 보면 처처處處가 피안이다. 피안은 그대로 해석하면 저쪽 언덕이지만 저쪽은 물리적인 저쪽이 아니라 심리적인 저쪽이다. 그리고 도피처가 아니라 가장 본질적인 자리이다. 만약 피안을 도피로 생각한다면 그 도피는 바람직한 도피이다. 또한 그 자리는 참다운 의미에서의 명당明堂이다.

206 정명正命

20세기 한국시사의 흐름 속엔 '생명파' 라 불리는 그룹들이 있다. 종교인은 아니지만 그들 역시 목숨의 문제 앞에서 고민하였다. 그렇다면 '바른 목숨[正命]' 이란 어떤 것일까. 어떻게 목숨을 유지하고, 어떻게 목숨을 다루어야 할까. 내 한 목숨 유지하기 위하여 우리는 너무나도 많은 오류를 저질렀다. 되돌릴 수 없는 오류 앞에서 내일을 모색해보지만 내일 아침, 내일의 태양이 뜬다고 하여 그 오류가 현격하게 적어질 것 같지 않아 걱정이다.

목숨은 인간이 내놓기 어려운, 그러나 내놓을 수밖에 없는 최종 지점이다. 그것 때문에 희노애락애오욕의 칠정七情이 현기증나게 일렁인다.

207 정업正業

바른 일 중의 바른 직업은 정업의 핵심이다. 그러나 어떠한 일도 '바른 마음[正心]' 이 선행되지 않으면 바른 일이 될 수 없다. 신구의身口意

삼업 가운데 제일 까다로운 것이 의업意業이다. 보이지 않는 오지에서 천변만화하는 이 의업이야말로 말 안 듣는 불량생처럼 제멋대로이다. 그렇더라도 의업의 움직임을 세밀하게 감지할 수 있는 것은 자기자신뿐이다. 어떤 눈 밝은 도사라도 남의 마음에 주인처럼 직입할 수는 없다. 평생 시간과 노력을 들여 하는 일이 정업과 먼 데에 있다면 삶은 말할 것도 없이 통째로 도로徒勞이다. 그야말로 무엇이 진실인지도 모르고 허둥대다 가는 인생이 되고 마는 것이다. 힘쓰고 업장이나 만들고 가는 인생이 되어버리는 것이다.

208 무량겁 無量劫

아주 작은 것도 없는 것이나 마찬가지이지만 너무 큰 것도 없는 것과 같기는 마찬가지이다. 극미를 우리는 느끼지 못하고 산다. 극대인 무량겁 또한 그렇다. 그러나 느끼지 못한다고 없는 것은 아니다. 느끼지 못하는 무수한 것들 속에 상상할 수 없는 극미와 극대의 시공이 있다. 그 속을 내가 흘러가고 있다니 두렵기도 하지만 감개가 무량하기도 하다.

209 선화禪畵

가을 하늘이 한 폭의 선화이다. 겨울 바다가 또한 한 폭의 선화다. 밤 하늘이 그대로 한 폭의 선화다. 자정의 어둠도 모방할 수 없는 선화다. 어디 이뿐일까. 한 사람의 사심 없는 출생과 죽음도 그대로 선화다. 생각 없는 자리에선 언제나 선화가 탄생한다. 볼 수 있는 눈과 그릴 수 있는 마음이 없어서 선화를 못 보고 못 그릴 뿐이다.

210 선시禪詩

세속적 가치를 넘어선 삶이 선시를 낳는다. 모든 삶은 인간적 가치로 물들어 있다. 가치 없는 언어가 선시를 창조한다. 모든 언어 또한 세속적 가치의 때를 입고 있다. 어떻게 하면 가치 없는 삶을 살고 그런 언어를 사용할 수 있을까. 가치 있다고 배운 모든 것을 회의하는 밤이다. 대상과 언어에 끼인 이미지를 모두 털어내는 밤이다.

211 삼학三學 1

계戒가 경직되면 율법주의를 낳는다. 정定이 경직되면 은둔주의를 낳는다. 혜慧가 경직되면 무슨 위험이 따라올까. 혜의 경직은 아수라장 같은 현실에 대한 무지를 낳는다. 무엇이든 경직되면 문제를 낳는다. 모든 살아 있는 것들은 부드럽고 유연하다.

212 정법正法

우주의 법도 인간의 법처럼 자주 바뀌는가? 그렇지는 않을 것이다. 그렇다면 왜 굳이 법이란 이름 앞에 '정正'이라는 수식어를 붙이나? 그것은 우주의 법을 대하는 인간의 마음이 바뀌기 때문일 것이다. 수식어가 많이 붙는다는 것은 그만큼 인간에 대한 신뢰가 얕아진다는 것이다. 수식 없이, 단답식으로, 단순하게, 오직 몸말만으로 말할 수 있을 때, 세상은 장식으로 에둘러가지 않는 직입의 삶을 가능케 한다.

213 일일시호일日日是好日

좋은 날이란 어떤 날인가. 도심 이곳저곳에 '일일시호일'이라는 심오한 말이 겁 없이 나붙어 있다. 세속적 행복을 꿈꾸며 이 말을 붙인 것은 아닌가 의심해본다. 그렇다면 그것은 오산이다. 그것도 큰 오산이다. 거꾸로 달려간 셈이다. 좋은 날이란 세속적 행복과 다른 맑은 불성에 닿은 날이기 때문이다.

214 인욕바라밀 忍辱波羅密

참는다는 생각 없이 참을 수 있어야 진정한 인욕바라밀이라고 한다. 참는다는 생각을 내는 순간, 참음은 무게를 지니게 된다. 그 무게가 쌓이면 바윗덩어리처럼 존재는 무거워진다. 무거워진 것은 내려앉거나 기화되려 한다. 내려앉으면 절망이 되고, 기화되면 분노가 된다. 중생의 차원에서 인욕의 대가를 덜 치르려면 주고받는 거래를 공정하게 하면 된다. 그러나 이것조차 지난한 일이다. 중생들은 내 이익에 집착하기 때문이다. 그렇더라도 인간의 심저에 보석처럼 숨어 있는 영성을 살려내면 우리는 거래 너머를 감히 훔쳐볼 수 있다.

215 일념 一念

나팔꽃도 일념으로 꽃을 피운다. 강아지풀도 일념으로 씨앗을 매단다. 느티나무도 안 그런 척 일념으로 허리둘레를 불린다. 강물도 일념으로 한결같이 흘러간다.

일념이면 꽃이 피고, 열매가 달리고, 허리가 굵어지고, 바다에 닿는다. 마침내 도달하는 지점이 있다. 마음공부도 일념으로 하다보면 어느 지점에 가닿을 것이다. 그곳에서 샘물처럼 새물을 맞이하게 될 것이다. 절에 가보면 이런 새물이자 샘물을 두고 감로수라고 써놓았다. '단 이슬 같은 물'이라는 이 뜻은 아무리 들어도 시원하고 감동적이다.

216 탑塔돌이

돌아도 돌아도 제자리이지만 돈 만큼 깊어지는 일. 나아가도 나아가도 제자리이지만 나아간 만큼 발전이 있는 걸음. 지구가 둥글듯이, 탑신도 둥근 것의 표상이다. 그 둥근 세계를 땅을 다지듯, 강강수월래를 하듯 보름달처럼 둥글게 무량으로 도는 것이 탑돌이다. 그런 탑돌이 속에서 지혜가 열린다.

217 시자侍子 혹은 시자侍者

자발적인 시자는 뜨거운 자이다. 원력이 있어서 절반의 월급만을 받고도 일을 배우러 회사에 말단으로 들어가는 사람 같다. 자발적인 시자는 먼 훗날 고승이 될 확률이 높다. 원력으로 회사의 말단을 자처한 사람이 사장으로 승격할 가능성이 높듯이 말이다.

뜨거운 원력은 뜨거운 불길보다 강력하다. 내면의 불은 모든 물질적 불을 능가한다. 그 불이 파랗게, 아니 하얗게 타오르는 모습을 상상해 보라. 그 불에 녹지 않을 잡스러움이 하나도 없다.

218 선정禪定 2

요즘 많은 사람들의 사랑을 받고 있는 월호月瑚 스님은 선정을 다음과 같이 명쾌하게 정리해놓았다: "바깥으로 상相에 붙들리지 않고, 안으로 헐떡거리지 않는 것." 그렇다. 바깥의 유혹과 안의 욕망을 다스리면 죽음과도 같은 선정에 깃들게 된다. 보통 사람들에게 이런 선정은 무기력과 권태로움을 가져다준다. 할 일이 없으면 중생들은 어쩔 줄 몰라 허둥지둥한다. 중생들에게 가장 괴로운 것은 심심한 것이기 때문이다. 그래서 사람들은 심심한 날이면 아무나(혹은 아무것이나) 붙들고 대립한다. 심심해야 심심深深해지는데 그 심심함을 견디지 못해 우리는 분주함을 사랑한다. 심심해야 성성惺惺해지는데 그러지 못해 우리는 어리석음을 자초한다.

219 불화佛畵

아무래도 그림이 있고 난 후에 문자가 있었던 것 같다. 아니 소리가 있고 난 후에 그림이 있었던 것 같다. 소리의 구체성에 비하면 그림은 추상적이고, 그림의 추상성에 비하면 문자는 더욱이 추상 그 자체이다.

범종소리, 목탁소리, 풍경소리, 독경소리, 이 모든 것은 불음佛音의 직접성에 호소한다. 수많은 탱화와 벽화 그리고 단청들이 시각의 모방성에 호소하는 것과 좀 다르다. 그에 비한다면 문자로 이루어진 경전은 너무나도 간접적이다. 문자는 우리의 몸 가운데 가장 요령을 잘 피우고 때로는 교활하기까지 한 두 눈과 두뇌를 빌려 판독된다. 그러므로 시간이 나면 경전을 몸의 성대로 독송하는 것이 좋다.

220 범망경梵網經

『범망경』이 법망경法網經으로 읽힌다. 인간들의 법망경을 들여다보면 놀랍기 그지없다. 인간의 엄청난 욕망과 그 얽힘 앞에서 한 번 놀라고, 그 욕망을 다스리는 노련한 기술 앞에서 또 한 번 놀란다. '법 없이도 살 사람' 이라는 말이 있다. 그런 사람이 어디 흔하겠는가마는 그런 사람만 사는 동네라면 판사도 변호사도, 법 연구가도 필요치 않을 것이다. 혹시 허전하다면 그저 명예 판사나 변호사 정도가 있으면 족할 것이다. 그리고 법 연구가가 필요하다면 그는 간판만 걸어놓고 무위법이나 연구하며 조용히 정진하면 될 것이다.

221 여몽환포영如夢幻泡影 여로역여전如露亦如電

일체의 유위법이 지닌 속성을 당신은 어떻게 설명할 수 있겠는가. 『금강경』은 그것을 꿈 같고, 환영 같고, 포말 같고, 그림자 같으며, 또한 이슬 같고, 번개 같다고 하였다. 하나의 매재만을 썼어도 유위법의 설명이 가능할 수 있을 터인데, 그렇게 하지 않은 것을 보면 유위법의 설명이 한마디 비유로는 용이하지 않은가보다. 더군다나 꿈, 환영, 포말, 그림자 등과 같은 매재를 앞 절에서 여럿 열거하고도, 또다시 이어 이슬과 번개를 다음 절에 불러들인 것을 보면 더욱 그런 생각이 난다.

222 큰 스님

형용사, 부사 등과 같은 수식어는 번거롭다. 굳이 쓴다면 결혼식 날 같은 흥분된 때나 한두 번 사용하는 게 어떨까 한다. 수식어를 싫어하는 불교계에서까지도 그냥 '스님'이면 됐지, '큰' 자를 꼭 붙여 큰 스님이라는 분별심을 낸다. 큰 스님이라는 말이 이렇게 널리 회자되니, 틈만 있으면 모방하기 좋아하는 인간들이 '큰 작가'라는 말도 만들어냈다. 우습다. 작가라는 말 자체도 양심 있는 사람이라면 제 하는 일에 비해 과분하기만 하여 명함에 적어 넣기가 쑥스러울 터인데 '큰' 자까지 앞에 붙여 사용하는 건 정말 민망하기 짝이 없다. 이 조그만 땅에서 무엇이 되었느냐도 중요하지만 무엇을 하느냐가 더욱 중요하다. 자신이 무엇을 하느냐는 자기자신이 가장 잘 안다. 허명虛名에 사로잡히지 말 일이다. 허명에 대한 집착이야말로 경계에 대한 최고의 끄달림이다.

223 오욕락 五慾樂

오욕락을 위해 한 세상을 살다 갈 수는 없는 노릇이라면 무엇을 위해 살아가야 하나. 현실적으로 이익이 되는 목적이 부재하면 범인들은 한 발자국도 앞으로 내디딜 마음을 내지 않는다. 그런 범인들에게 어떻게 이런 어려운 주문을 할 수 있겠는가. 그렇더라도 오욕락은 넘어설수록 좋다. 인간들이 장가가고 시집가며 살아가는 체제 속이 안온한 것 같아도, 눈을 들어보면 그 체제 바깥은 그야말로 무한천공처럼 광활하다.

224 생각

감각의 내상內傷을 입고 비틀거리는 사람이 있다. 감정의 내상을 입고 자살한 사람이 있다. 관념의 내상을 훈장처럼 휘두르며 사는 데모꾼이 있다. 맑고 고요한 마음의 호수 위에 자업자득의 내상이 무수한 파문을 만들며 나날을 어지럽힌다. 아무 일도 없는 세상에, 무슨 일이라도 벌어지는 인간들의 세상이 늘 여기에 생생히 전개되고 있다.

225 돈오돈수 頓悟頓修

늘 몸과 마음이 어긋나는 것을 보면 돈오돈수를 기대하기는 곤란하다. 마음이 몸을 이끌고 갈 때가 있고, 몸이 마음을 달랠 때가 있는 것을 보면 점오점수 정도는 기대해도 무방할지 모르겠다. 최상근기最上根機의 돈오돈수와 최하근기最下根機의 점오점수 사이에 돈오점수와 점수돈오가 있다. 무리하지 말고, 실력에 맞게 한 가지를 선택하고 노력할 일이다. 어느 것을 선택하든 시간을 재지 않고 정진하다 보면 새 길에 도달해 있을 것이다.

226 강원講院

초여름, 구구단을 소리 맞춰 외워대는 초등학교 저학년 아이들의 경쾌함이 한적한 분교의 운동장으로 퍼진다. 거기도 초등강원인 것이다.

초가을, 이름 모를 새떼들이 이제 막 단풍들기 시작하는 야산으로 지각한 학생들처럼 앞뒤도 살피지 않은 채 잽싸게 뒤쫓아 날아들어 간다. 거기도 강원인 것 같다.

한겨울, 이따금 묵은 눈이 떨어지는 소리밖엔 아무것도 들을 수 없는 산속의 침묵이 있다. 거기도 강원인 것이 틀림없다. 짐작건대 침묵을 가르치고 배우는 시간인 것 같다.

227 32상相 80종호種好

잘 자란 감나무가 32상 80종호를 드러낸다. 분별없이 마음의 무릎을 꿇고 그와 한몸이 된다. 초가을의 포도알이 32상 80종호를 보여준다. 말없이 그대로 일심一心이 된다. 진실한 작가의 문장이 32상 80종호를 드러내며 빛난다. 그 빛 앞에서 이의 없이 감염되는 기쁨을 맛본다. 마을의 오래된 느티나무가 32상 80종호를 증명한다. 부른 바 없는데도 사람들도, 새들도 그곳 아래로 모여들어 제집처럼 기대고 쉬며 논다.

228 선방禪房 2

특별한 곳 같아 그 근처에선 삼가게 된다. 선방도 그렇거니와 그 둘레의 고즈넉한 분위기까지 마음으로 받아 안고 조심한다. 받아 안은 마음이 초봄의 피어나는 꽃과 새싹처럼 환해진다. 한 존재를 이처럼 아끼고 신뢰하며 수용한 적이 언제 있었던가. 싸리 울타리 안쪽의 현실과 관계없이, 선방과 그 둘레의 환상을 오래도록 간직하고 싶은 저녁이다. 결코 깨어지게 하고 싶지 않은 경험이다.

229 탁발托鉢 2

밥그릇을 어디에 의탁할 것인가. 자연도, 인간도 친절하지만은 않은 세상에서 밥그릇을 도대체 어디에 의탁할 것인가. 죽어도 좋다는 초연한 결심을 하기 전에는 밥그릇을 의탁할 일이 언제나 난제이다. 아상我相을 겨울풀처럼 시들게 하지 않는 한, 밥그릇을 의탁할 곳이 있다 해도 마음은 또한 가시방석이다. 목숨을 갖는다는 것은 밥그릇을 의탁하는 과제를 받는 것이다. 이 과제를 어떻게든 해결해야 버릴 목숨도, 지울 아상도 존재한다.

230 수심修心

거울을 닦듯이 마음을 닦는다. 탁한 먼지가 덮인 두께 위로 겨우 콩알 크기만큼의 넓이로 드러나던 맑은 본성本性이 점점 호떡 크기만큼의 자리로 드러나더니, 이내 멍석 크기만큼의 세계로 확 넓어지며 드러난다. 환상일까? 그렇더라도 시간을 헤아리지 않고 마음의 거울을 닦다보면 본성의 다른 이름인 우리의 본지풍광本地風光이 호떡 크기에서 멍석 크기로, 멍석 크기에서 시골학교 운동장만큼의 크기로, 다시 올림픽을 치러도 좋을 만한 종합 운동장만큼의 크기로 넓어질 수 있을 것 같다는 생각을 해본다. 물론 여러분들도 알다시피 닦음의 끝은 무한한 하늘처럼 존재가 무변으로 넓어지는 데 있다.

    수심이란 다른 게 아니라 좁쌀알같이 작은 나를 바다같이 큰 나로 바꾸어가는 일이다. 소아병小我病을 고치고 대아심大我心으로 서서히 질적 전환을 해가는 일이 바로 수심이자 수행의 본질이다.

231 삼학三學 2

    삼발이 '정鼎' 자를 아시는가요? 화롯불 위에다 된장찌개를 끓이려고 꽂아놓던 그 삼발이를 아시나요? 화롯불 위의 삼발이를 모른다면 저 1970년대나 1980년대 초쯤, 텔레비전 안테나를 지붕에 설치할 때마다 쓰던 그 삼발이 모양의 지지대를 아시나요?

    삼발이는 균형의 기하학적 원형이자 구체적 현실이다. 삼발이를 닮은 계정혜 삼학은, 그러므로 그 값이 각각 동일하며 숙명적으로 얽혀 있는 존재이다. 계정혜 삼학의 어느 길을 통해서도 목표지점에 이를 수 있지만, 어느 한 길이 없어도 다른 길이 온전할 수 없는 '혼자이면서 함께'인 역설적 중심축이자 하나의 세계가 있다.

232 도정道程

    결과보다 과정이 중요하다고 말하지만 실은 결과도, 과정도 다 중요하다. 그러나 숙고해보면 모든 과정은 그 순간마다가 다 결과이고, 모든 결과 또한 다음 단계를 위한 과정이다. 결과와 과정으로 분리할 수 없는 생과 우주가 무심하게 장강長江처럼 흘러간다. 잠시 쉼표처럼 결과가 존재하지만 쉼표 뒤에는 다시 생과 우주의 문장이 계속되고, 결코 끝날 것 같지 않은 장문 속에도 실은 어디선가 숨을 쉬어야 하는 지점이 숨어 있다.

길 위에서 길을 찾으며, 이룬 것은 무엇이며 지나온 길은 무엇이었느냐고 자문하는 시간이 잦아진다. 모든 것이 과정이며 결과였다고, 앞으로도 그것은 변함없을 것이라고, 내생에도 그것은 동일할 것이라고 생각하며 번뇌처럼 달라붙는 물음을 넘어선다.

233 처처시도량 處處是道場

장소는 탄생한다. 같은 공간도 누가 어떤 마음으로 무엇을 하느냐에 따라 매순간 다르게 탄생한다. 불자가 되어, 불심을 내어, 부처의 일을 한다면 모든 장소는 다 도량이 되리라. 망가졌던 외부 공간도, 상처 났던 내부 공간도 모두 싱싱하게 치유되리라. 봄비를 맞은 생명처럼 살아나리라.

234 석굴암石窟庵 혹은 석가여래불상釋迦如來佛像

　미남美男은 미남을 볼 줄 아는 눈과 마음을 가진 사람만이 그려낼 수 있다. 경주 토함산 석굴암의 석가여래불상은 미남 보는 안목과 마음이 탁월한 사람의 작품이다. 그의 관상, 체상, 인상은 아무리 박한 마음을 내어도 만점이다. 대각자의 법심法心 같은 용심用心이 담긴 까닭이다. 마음을 잘 쓰면 추남도 미남이 되고, 추녀도 미녀가 된다. 그야말로 선남자善男子 선여인善女人이 되는 것이다.

　사람이란 보는 대로 닮는다고 한다. 꽃을 보면 꽃과 같아지고, 나비를 보면 나비 같아지며, 물을 보면 물 같아진다는 것이다. 언제 석굴암의 석가여래불상을 찾아가 그 앞에 텐트를 치고 한 일 년쯤 느긋이 머물다 돌아오면 우리의 모습도 그를 조금은 닮을지 모르겠다. 일주일에 한 번씩 절이나 교회에 가는 것도 그것이 아무것도 아닌 것만은 아니다. 적어도 그 순간만은 영성이 깃든 표정들을 닮고 만날 수 있으니까 말이다.

235 염라대왕閻羅大王

　그는 왕 중의 왕이다. 소위 대왕이다. 그런데 그 대왕이 우리 몸속에 살고 있다는 사실을 알아야 한다. 우리가 마음을 잘못 쓰면 우리 몸은 금세 그것을 알고 겨울 물처럼 차갑게 위축된다. 거꾸로 우리가 선심을 마음껏 쓰면 우리 몸은 환한 봄날의 목련꽃처럼 피어난다. 염라대왕은 분명 우리 무의식의 투사이다. 그것이 우리 몸속에 있다고 말하기가 두려우니까, 저 너머 어느 곳, 죽음 이후의 어느 세계에서 그가 기다리고 있다고 말할 뿐이다.

236 육근六根

우리 몸이 하나의 대지라면 우리 몸엔 여섯 가지 종류의 나무가 뿌리를 내리고 있는 셈이다. 안근眼根, 이근耳根, 비근鼻根, 설근舌根, 신근身根, 의근意根이 그것이다. 그렇다면 이들의 뿌리가 닿은 종점은 어디일까. 볼 수는 없지만 느낄 수는 있는 심처深處, 그곳이 종점이다. 이 종점을 다시 심처心處라 불러도 좋을 것이다. 이들 육근은 세상을 맞이해 들이는 창문이다. 동시에 심처의 기운을 빨아올리는 물관부이다. 이들 육근을 통해 몸의 안팎이, 세상과 심해心海가 상호 소통한다. 그런데 모든 소통이 그러하듯 어느 한쪽이라도 사심을 내어 휘두르면 소통은 마른 풀잎처럼 순간 부서지고 만다.

육근이 청정하면 존재가 청정하다는 것, 존재가 청정하면 육근이 청정하다는 것은 이를 두고 한 말일 것이다.

237 공空 2

공책空册은 공空의 책이다. 어린 시절 새로 산 공책의 무량함 앞에서 설레며 떨던 기억이 있다. 그 공의 마당 위에 무엇을 쓸까?

학교를 쉬는 공일空日은 공이 활동하는 날이다. 공일날은 제아무리 촘촘하게 하루를 보내도 공의 헐거움이 빚어내는 힘을 이길 수 없다.

그렇지만 일주일에 하루쯤은 공책의 허공처럼 자신을 방하착해야 한다. 공쪽으로 몸을 열고, 공이 되어 살아야 한다.

238 호흡법呼吸法

호呼는 내쉬는 것이고, 흡吸은 들이마시는 것이다. 들이마시는 것이 짧고 내쉬는 것이 길면 단전을 중심으로 한 존재의 저변이 충실해진다고 한다. 어디 한 번 연습해보자. 실제로 숨을 들이마시는 시간보다 내쉬는 시간이 길어지면 배짱과 여유, 힘과 넉넉함이 생긴다. 여기서 들이마심은 사욕의 환유요, 내쉼은 비움의 상징이다.

239 할喝

자동차 경적소리에 놀라 혼이 나간다. 그야말로 무아지경無我之境이다. 사격장의 총소리에 기겁하여 얼이 빠진다. 역시 무아지경이다. 세속의 놀람은 혼을 뺀다. 아니 빼간다. 그러나 임제 선사의 할과 같은 초절의 놀래킴은 빠졌던 혼을 돌아오게 한다. 제정신이 아닌 듯, 영혼조차 팔아넘기고 사는 이 시대에, 임제 선사의 할과 같은 벼락소리가 아침 종소리처럼 매일 정기적으로 들려 왔으면 좋겠다.

240 독좌대웅봉獨坐大雄峯

생의 운전수는 나 자신이다. 홀로 대웅봉을 마주 대하고 있는 심정으로 생의 수레바퀴를 돌릴 수밖에 없다. 그렇더라도 가끔씩 운전석 옆에 누군가 도반처럼 앉아 있으면 마음은 한결 든든해진다. 서로가 서로에게 도반이 되는 삶은 불가능할까. 어쩌다 사고가 나더라도 누군가 달려와 '괜찮다'고 위로하며 잠시 주인공이 되어 대리운전을 해줄 수 있는 관계는 불가능할까. 그런 세상은 만들어질 수 없을까.

241 즉卽 1

'색즉시공色卽是空 공즉시색空卽是色'의 '즉卽'은 마력적인 매개사다. 이 매개사로 인해 색과 공이 일시에 일체가 된다. 그러니까 이로 인해 극단 사이에 존재했던 어마어마한 거리가 일시에 눈처럼 녹아버리고 마는 것이다. 그런 점에서 '즉'은 용광로이다. 아니 마법사이다. 그러나, 그렇다고 해서 오해해서는 안 된다. 무화된 일체 속의 '즉한 세계'에도 장력張力은 여전히 건강하게 살아 있기 때문이다. 이 건강한 장력을 우리는 '우주적 힘'이라고 부른다. 그 힘이 있음으로써 우주는 끝없는 수사학적, 유희의 장이 넉넉하게 될 수 있다.

242 즉卽 2

책이 연필이고, 연필이 운동장이다. 운동장이 수수밭이고, 수수밭이 돌멩이다. 돌멩이가 병아리고, 병아리가 강물이다. 강물이 사상이고, 사상이 발바닥이다. 발바닥이 거울이고, 거울이 바람이다. 바람이 기차이고, 기차가 빌딩이다. 빌딩이 은하수이고, 은하수가 인간이다.

여러분들은 내가 무슨 말을 하고 있는지 알 수 있을 것이다. 이런 수사학을 이해하고 구사할 수 있다면, 여러분들은 이미 현상계의 경계와 상을 넘어선 것이다. 그리고 시인은 물론 수행자가 될 기초자격을 갖춘 '즉한 존재'가 된 것이다.

243 일체一體 혹은 일물一物

누군가 우리 몸의 눈에게 물었다. 너는 심장과 하나이지? 눈은 세계

머리를 흔들며 아니라고 부정했다. 나는 눈이고, 심장은 심장이라는 것이다. 그러나 우리는 안다. 눈과 심장이 우리 몸의 일체라는 것을…….

이번에는 손에게 물었다. 너는 발이지? 손 역시 손사래를 치며 부정했다. 손은 나이고, 발은 발이라는 것이다. 그러나 우리는 또한 안다. 손과 발이 우리 몸의 일체라는 것을 말이다.

영수는 철수에게 물었다. 네가 나지? 철수는 점점 뒤로 물러서며 더 넓은 간격 속에서 부정어를 반복했다. 그러나 지구는 안다. 이들 모두가 지구 속의 일체라는 것을…….

그러고 보면 세상은 명색名色으로 구분될 뿐 알 수 없는 차원에서 일체로 작용한다. 네가 아프니 내가 아프고, 네가 웃으니 내가 웃는 신비한 작용이 계속되고 있는 것이다. 그럼에도 불구하고 이 아침, 일체의 우주는 그렇지 않다는 표정으로 각자 꽃을 피우고, 각 가정의 아침상을 다르게 차리도록 한다. 참 놀라운 고단수의 연극이다.

244 장좌불와 長坐不臥

앉아 있는 부처님이 의젓하다면, 누워 있는 부처님은 편안하다. 이것은 수직과 수평이 빚어내는 차이이다. 수직성이 수승한 이 시대엔 와불臥佛 같은 수평성의 정신이 더 필요한지도 모른다. 모두들 솟구치려고 전쟁하듯 안달이고, 초고층 빌딩처럼 일어서려고 야단이다. 이런 시대엔 수평선처럼 길게 누운 평화의 선 하나를 이 세상에 깊이 드리워 주어야 하리라.

245 대결정심 大決定心

최고의 사탄은 우리를 위협하는 죽음이다. 죽음이 위협하면 누구나 뒤뚱거리며 고백한다. 그러나 죽음은 생의 목적지이자 종점이다. 아니 도달점이자 전환점이다. 그러니 어디 한 번 죽어도 좋다는 분심을 내어 참삶을 살고자 전념해보면 어떨까. 죽어도 좋다고 덤비면 지나가던 모든 사탄들도 자진해서 길을 피한다. 사탄보다 더 무서운 것이 죽어도 좋다는 결정심이기 때문이다.

246 탄허 呑虛

이왕 삼키려면 '허虛'를 삼켜야 한다고, 탄허 스님의 호를 떠올릴 때마다 다짐한다. 그러나 삼키고 보면 '허'는 오간 데 없고, 나는 겨우 들판의 아침 공기 몇 모금 마신 것뿐이다.

숲 속 공기가 건강에 좋다고, '피톤치트'라는 어려운 말을 주고받으며 한 무리의 사람들이 검은 유니폼에 지팡이를 짚고 행군하듯 숲 속으로 걸어 들어간다. 그들의 기세를 보면 삽시간에 산 속의 피톤치트도,

숲의 평화도 깨질 듯만 하여 위태롭다. 혹시라도 그 무리 중 어느 현자 하나가 섞여 있다면 이들에게 건강에 좋다는 피톤치트 대신 허령한 숲 속 정령을 마시게 하였을지 모른다. 그러면 그들도 '탄허'의 순간을 맛보는 것이 어떤 줄을 알게 되었을 것이다.

247 만공滿空

역설을 구사하려면 이 정도는 돼야 한다. '만공滿空', 어찌 '공空' 자 앞에 '만滿' 자를 쓸 생각을 하였을까. 듣기만 하여도 부자가 된 듯한 이 역설의 언어를 벅찬 마음으로 받아 안는다.

그러나 조금 지나고 보면 '만'이라는 앞말이 수식어처럼 부담스럽다. 그냥 '공'이라고 하여도 충분할 것이라는 생각 때문이다. 그러나 더 생각해보면 이것은 분명 중생들에 대한 배려 속에서 나온 수식일 것이다. '만' 자를 붙이지 않으면 이 허허로운 '공' 자 앞에서 아무 마음도 내지 못할 사람이 너무나도 많을 것이기 때문이다.

248 경허鏡虛

거울이 있다면 거울에 제 얼굴만 비출 게 아니라 우주적인 '허'를 한 번 비춰볼 일이다. 시인 이상은 거울에 제 모습을 비춰보고 심각한 고

민에 빠졌다. 허는 떠올리지 못하고 근대적인 자상自像만을 비춘 까닭이다. 시인 윤동주도 거울에 제 모습을 비춰보고 애증의 마음 속에 우왕좌왕하였다. 거울 속에 별도, 하늘도, 바람도 들어 있다고 마침내 인간사 너머의 말을 꺼내기는 했지만, 그것이 '허'의 다른 이름인지는 알기 어렵다.

나르시시즘의 거울엔 확대된 제 얼굴만 보인다. 나르시시즘의 마음 거울에도 역시 확대된 자아투사만 이루어진다. 이왕 거울을 가지고 다니려면, 그 거울에 '허'가 한 번쯤 비취게 해볼 일이다.

249 법정法頂

법의 정수리! 법에 어디 높낮이가 있겠는가마는 '정頂'자 한 자를 뒤에 덧붙임으로써 법의 정수를 생각하게 한다. 정수精髓는 정수淨水와 같다. 실제로 법이란 처음부터 영원까지 정수淨水같은 정수精髓이다. 그 티 없이 정직한 법의 작용에 의하여 우리는 오늘도 이렇게 살아가고, 태양은 아침마다 뜨고 저녁마다 서산너머로 넘어간다.

250 만해卍海

그분이 요즘 설악산에서, 백담사에서 시달리고 있다. 그분의 이름을 안다고 하며 많은 사람들이 먹고 살고 있다. 하기야 그렇게 많은 사람들을 먹여 살릴 수 있으니, 그의 이름이 '만해'인 것은 옳은 일인지도 모른다.

만해란 진리의 바다다. 그 다함없는 진리의 바다는 저 태평양이나 대서양쯤에 빗대어 설명할 수 없다. 그렇더라도 우리가 지상에서 본 바다 가운데 제일 큰 것이 태평양이고 대서양이니 이를 떠올리며 그 이름을 음미해볼 수밖에 없다.

지구의 삼분의 이를 차지하는 바다는 생명탄생의 첫 자리이며 생명 귀환의 마지막 자리이다. 지구의 모습을 온전히 닮은 우리 몸도 삼분의 이는 물이고, 나머지는 육지와 같은 세계다. 태초에 말씀이 있었듯이, 태초에 물이 있었다. 그 물이 바다를 이루고, 몸을 이루고, 진리를 보여주고 있다.

251 성철性徹

본바탕의 철저함을 지향하는 이름! 철저함은 불순한 한 생각도 일으키지 않을 때 가능하다. 그러나 몇 겁의 생을 두고 우리가 일으킨 탁한 생각이 수미산 같은데, 얼마나 하심하며 큰절을 바치면 존재가 철저해질 수 있을까. 성철 스님이 말한 큰절 삼천 배는 향아설위向我設位의 그것이다. 내 속에 있는 부처를 바라보며 스스로 철저해졌다고 판단되었을 때까지 큰절을 계속하는 일이다.

252 원효元曉

원효라면 첫새벽이라는 뜻인가. 첫새벽은 아직까지 엔트로피가 제로 지점인 때다. 음양이 나뉘어졌으나 나뉘기 이전의 자리에 몸을 대고 있는 시원의 지점이다.

때가 묻기 이전의 자리, 너무 싱그러워 다른 생각을 낼 수 없는 자리, 그런 자리를 우리는 날마다 이른 새벽에 통과한다. 곤한 잠을 자느라 이런 첫새벽의 시간이 있는 줄도 모르고 지나가지만, 우리는 이런 첫새벽을 매일 통과하는 놀라운 우주적 삶을 사는 생명이다.

원효대사가 불교사의 첫새벽처럼 저 윗자리에 있다. 아주 어쩔 수 없이 힘이 드는 날에는 그의 책을 펴보며 첫새벽의 기운을 얻고 일을 시작한다.

253 여시아문如是我聞

나는 이렇게 들었다고 말할 때, 나는 사라지고 붓다의 음성만 남는다. 붓다의 음성은 물든 인간의 음성이 아니라 부동의 우주적 음성이다.

나는 이렇게 들었다고 말할 때, 세속적인 나는 물러서고 불성의 진아眞我가 드러난다. 진아는 우리들의 심중에 살아 있는 참된 영혼의 소리다.

나는 이렇게 들었다고 말할 때, 진리는 발명되는 것이 아니라 발견되는 것임을 알게 된다. 우리들은 늘 나는 이렇게 생각한다고 말한다. 그러나 모든 생각은 환상이다. 우리들의 업과 상처와 상상력이 빚어낸 인공물이다. 이런 것과 관계없이 세계는 발명 이전의 자리에 무심히 있다.

254 혜초慧超

지혜라는 말조차도 넘어서는 것은 직접 두 발로 순례의 길을 나서는 것이다. 혜초가 천축국을 다녀온 것은 지혜 너머의 일이다. 지혜가 몸을 입고 구체화되었을 때, 지혜는 비로소 자재한 초월성을 갖는다. 그런 점에서 초월의 밑뿌리는 길고, 깊고, 튼튼한 대지성이다.

255 일연一然

초연超然해지면 일연一然이 된다. 일연은 자연自然이다. 자연의 자연스러움보다 윗길인 것은 없다.

256 의상義湘

의상을 '정의로운 강물' 이라고 풀이해본다. 그렇다면 '의로움' 은 무엇인가. 진리를 알지 못하면 의로움도 가리기 어렵다. 진리는 의로움의 토대이다.

정의라 이름 붙인 것이 거리의 간판처럼 넘쳐난다. 각양각색의 색상을 입고 부끄러움도 없이 활보한다. 그들은 의로움이 진리의 이파리인 것을 생각하지 않는다. 단견이 만든 관념을 휘두르며 마냥 바쁠 뿐이다.

257 일엽―葉

세계일화世界―花를 세계일엽世界―葉으로 바꿔본다. 그러면서 처음이자 마지막인 '한 일 자'의 무궁함을 생각해본다. 어떤 시끄러운 세계도 이 '한 일 자' 앞에서는 조금씩 몸과 마음을 삼간다.

258 불출동구不出洞口

동구 밖은 육도윤회하는 현장이다. 욕계, 색계, 무색계의 연희장이다. 동구 밖은 창문 틈으로만 훔쳐봐도 현기증이 난다. 그냥 놔둬라! 그렇게 살게 그냥 놔둬라! 어찌 할 길이 없다. 그들도 그렇고 그렇게 살다 보면 어느 날 심봉사가 눈을 뜨듯 눈을 뜰 날이 있을지도 모른다고, 오직 희망만을 접지 말자. 그리고 그냥 놔두자.

259 법거량 法擧量

왕관 같은 박사모를 썼어도 길은 보이지 않았다. 초등학교 이후 무수한 스승들에게 배웠으나 여전히 길은 보이지 않았다. 박사모는 세속의 법거량을 통과한 것이었으나 그것으로 길이 밝아지지는 않았다.

요즘 홀로 나는 독학사처럼 외도外道에 빠져 있다. 가끔 방송통신대학 학생처럼 티브이를 보며 진리를 귀동냥하지만, 아직은 외도처럼 위험하고 독학사처럼 불분명하다.

어디 눈 밝은 선지식을 찾아가 공부를 했으면 좋겠다. 길이 보이고, 길이 나고, 길 위를 걸어갔으면 좋겠다. 그런 스승에게 열심히 쓴 시험답안지를 내고 채점을 받아봤으면 좋겠다. 물론 좋은 점수가 나왔으면 좋겠다.

260 법사 法師

삶의 핵심은 밥과 법이다. 육신을 위한 세끼 밥과 정신을 위한 바른 법이 필수적이다. 사실 나머지는 모두 잉여이다. 그러니 배고픈 자에겐 먼저 고봉밥을 한 상 차려내라. 그리고 영혼의 갈증을 느끼는 자에겐 밝은 법을 풍성하게 전하라. 불교의 핵심은 자리이타이니 우선은 자기 자신에게, 그리고 더불어 타존재에게 밥과 법을 정성으로 보시하라. 그래야 나도, 너도 법계의 리듬을 타고 동행할 수 있다.

261 공양게 供養偈

달리 말이 필요 없다. 다음의 「공양게」를 읽어보라. 그리고 시인의 '공양게'로 불리어 손색이 없는 함민복의 시 「긍정적인 밥」을 읽어보라.

「공양게」
계공다소량피래처(計功多少量彼來處) : 이 음식이 어디서 왔는가
촌기덕행전결응공(忖己德行全缺應供) : 내 덕행으로는 받기가 부끄럽네
방심이과탐등위종(防心離過貪等爲宗) : 마음의 온갖 욕심 버리고
정사양약위료형고(正思良藥爲療形枯) : 몸을 지탱하는 약으로 알아
위성도업응수차식(爲成道業膺受此食) : 깨달음을 이루고자 이 공양을 받나이다.

「긍정적인 밥」
시 한 편에 삼만 원이면
너무 박하다 싶다가도
쌀이 두 말인데 생각하면
금방 마음이 따뜻한 밥이 되네

시집 한 권에 삼천 원이면
든 공에 비해 헐하다 싶다가도
국밥이 한 그릇인데
내 시집이 국밥 한 그릇만큼
사람들 가슴을 따뜻하게 덥혀줄 수 있을까
생각하면 아직 멀기만 하네

시집이 한 권 팔리면
내게 삼백 원이 돌아온다
박리다 싶다가도
굵은 소금이 한 됫박인데 생각하면
푸른 바다처럼 상할 마음 하나 없네

— 시집 『모든 경계에는 꽃이 핀다』(창작과비평사, 1996)에서

262 목어木魚

수중 중생들의 성불을 기원하며 젊은 스님이 목어를 두드린다. 성불한 물고기를 먹으면 나도 성불할 수 있을까. 성불한 내가 물고기를 먹으면 물고기도 성불이 이루어질까. 성불은 이미 이루어져 있고, 견불見佛만 하면 된다는데, 물고기나 나나 두 눈만 껌벅거린다. 최승호 시인의 말처럼 물고기는 어안魚眼이 벙벙하고, 나는 어이語耳가 없어서 환청에 시달린다.

263 운판雲版

우리는 날개가 퇴화된 땅짐승인가, 아직 날개를 달지 못한 지상의 인간인가. 운판이 울리는 소리를 들으며 날개를 달고 비상하던 지나간 시절과, 날개를 달고 날아오를 미래의 어느 날을 떠올려본다. 그러나 날

개는 하나의 현상이자 형상이다. 날개가 돋아났다고 속까지 자유로운 것은 아니기 때문이다. 우리가 그토록 찬탄하는 하늘의 새들도 날개만 달렸지 하루 종일 먹이를 찾으러 방황한다. 그리고 보면 자유는 날개에도, 하늘에도 존재하지 않고, 공중의 공성空性을 알아차린 자에게만 소낙비처럼 찾아오는가 보다.

264 풍경風磬

너무나도 고적한 산사엔 풍경소리 하나쯤 울려야 한다. 끝 모를 심해深海 같은 심산深山의 적막을 무엇이 깨뜨릴 수 있겠는가. 풍경소리는 심산의 적막을 깨우는 한 송이 양기陽氣의 꽃이다. 지나친 음기陰氣는 죽음이다. 순음純陰이 되기 전에 양陽한 기운 하나 솟아나서 순양純陽 쪽으로 새싹처럼 살짝 고개를 돌려야 한다.

265 법고法鼓

마음 심心자를 그리며 젊은 비구가 전력으로 법고를 친다. '마음에서 넘어진 자 마음을 짚고 일어서라' 는 소리가 아랫동네까지 유장하게 퍼진다. 그 소리를 들을 수 있다면 우리는 이미 젊은 날부터 이순耳順인데, 우리의 귀는 여전히 진리 아닌 것에 혹해 있다. 그렇더라도 공자님 말씀처럼 60세쯤 되면 '이순'이 될까. 내친 김에 70세쯤 되면 그가 말한 '종심소욕從心所欲 불유거不踰矩'의 언저리쯤에라도 가볼 수 있을까. 어림없는 노릇이라고 기대마저 저버리는 것은 안타까운 일이다.

266 헌향獻香

많은 사찰들의 법당이 과도한 헌향과 분향으로 탁하다. 들어가려다 움찔할 때가 있다. 다들 알다시피 물질적인 향은 하나의 범속한 중생적 심벌이다. 말할 것도 없이 최고의 향은 불교예식에서 낭송되는 계향戒香, 정향定香, 혜향慧香, 해탈향解脫香, 해탈지견향解脫智見香이다. 이 모든 것은 한마디로 심향心香이다. 자리이타自利利他의 마음으로 자신과 세상을 향해 침향沈香 같은 심향을 드리다 보면 삶은 저도 모르게 가을 단풍나무처럼 곱게 물들고 발효돼 갈 것이다.

267 다례茶禮

하필이면 왜 차茶인가. 귀하기 때문이었을 것이다. 그러나 그것만으로는 이유가 부족하다. 도대체 왜 차였을까. 그것으로 예를 갖추었을까. 정갈함, 절제미, 여유로움, 허허로움, 조촐함, 식물성, 따스함, 내향성, 기다림, 주고받음, 과묵함, 맑음 등이 그 속에 담겼기 때문이리라.

이 가을, 도반과 함께 앉아 말 없는 말을 주고받으며 차 한잔 나누고 싶다. 도반이 없다면 내 속의 내 마음을 불러내어 그에게 미안하다고, 그동안 애썼다고 위로하며 말 없는 말 속에 자작自酌하듯 찻잔에 입술을 대고 싶다.

268 지눌知訥

'눌訥' 자에 오랫동안 마음이 가서 머문다. '말을 더듬음', '말을 잘 하지 않음'이라는 '눌' 자가 지닌 뜻 때문이다. '눌' 자를 안다는 것은 언어 이전의 '불립문자不立文字'의 세계를 안다는 것이다. 불립문자의 세계를 알았을 때, 우리는 말공부 대신 몸공부를 시작한다. 때론 몸도 말의 세뇌를 받아 제 몸 아닌 듯이 움직이지만, 몸은 그래도 관념이나 형상보다 아둔하여 정직하다.

눌訥함을 앎으로써 지눌은 '보조국사普照國師'가 된 것일까. 널리 진실을 비춘다는 '보조'의 함의가 가을 하늘처럼 너무나 맑고 넓어 가슴에 사무친다. 나도, 너도 너무 많은 말을 했다. 세상천지에 기어綺語가 기어棄語처럼 나뒹군다. 두렵다.

269 주련柱聯

기둥을 장식하려면 고찰古刹의 주련 정도는 돼야 한다. 전봇대 같은 기둥에 광고 쪽지나 비루하게 나붙는 세상에서 고찰의 주련은 단연 돋보인다. 일 없이 절에 들렀다가 주련만 음미하고 와도 마음은 감개무량하다. 스토리를 갖고 리듬 맞춰 쓴 주련은 사찰의 공개된 설법이자 경전이고 미학이다.

270 개심사開心寺

시인 서정주는 아침마다 세계의 산 이름을 1,500여 개 외우는 것으로 노년의 일과를 시작하였다. 오래된 산과 시인의 목소리가 지닌 주술성을 생각하면 참 잘한 일이다. 나는 노년이 되면 세계의 절 이름을 외우는 것으로 하루 일과를 시작하고 싶다. 절 이름 하나만을 터득해도 우주법계는 금방 내 집이 되는데, 수천 가지 절 이름을 외우다 보면 늙어서 졸아드는 존재가 그리 궁색해지지만은 않을 것 같기 때문이다.

271 해인사海印寺

산에 의지해 먹고 사는 사람이 있는가 하면 바다에 기대어 먹고 사는 사람도 있다. 산과 바다가 말없이 수많은 사람들을 먹여 살리고 있다.

산과 바다! 그들 속에 깃든 절엔 또한 많은 사람들이 의지해 먹고 살고 있다. 법보종찰로 널리 알려진 해인사 앞에도 법보다 먼저 밥을 파는 사람들이 야단법석이다.

어지러운 야단법석의 장을 입사식하듯 뚫고 올라가면 허덕교虛德橋를 넘어서며 겨우 밥도 따라올 수 없는 법상法相이 희미하게 드러난다. 밥을 먹지 않고는 법도 알아들을 수 없는 게 사실이다. 사실 밥이 법이긴 하다. 그러나 곳곳에서 밥의 아우성 소리는 너무나도 크기만 하다.

272 화엄사華嚴寺

어느 쪽에 서서 보아도 반듯하다. 넘침도 모자람도 없다. 앞모습, 옆모습, 뒷모습, 어디를 보아도 팔방미인처럼 만족스럽다. 다만 내가 그 자리에 섬으로써 균형이 깨지게 될까 두렵다. 그러나 완벽함은 그 속에 드넓은 중화中和와 허공虛空의 세계를 지닌다. 그러니 나 하나쯤 뒤뚱거려도 절은 무사하리라. 어쩌면 그 뒤뚱거림마저 고려하며 균형을 맞춰 지었을지도 모를 일이다.

한 떼의 관광객들이 버스에서 왈칵 쏟아져 나온다. 그렇더라도 크게 걱정하지 않는다. 그들이 절에 영향을 미치기보다 절이 그들에게 영향을 줄 것이라고 믿기 때문이다.

273 보탑사寶塔寺

　탑은 단순한 문화재가 아니라 사찰의 심장心臟이다. 모든 것이 이곳으로 수렴되고 이곳으로부터 나아간다. 그러나 그것은 방편이다. 지구 위에 서 있는 모든 존재, 큰 산 속에 숨어 있는 모든 나무들, 들녘에서 자라나는 모든 풀들이 다 우주라는 사찰의 심장이다. 그들 각각을 중심으로, 그들 모두가 중심을 이루면서 세상은 시시각각 새로운 동적 조화를 창조해 나아가는 정법안장正法眼藏의 세계이다.

274 괴색壞色

　스님들의 승복은 괴색이다. 괴색은 색 너머의 색이자 색 이전의 색이다. 달리 말하면 색 가운데의 색이자 색을 아예 이탈한 색이다.

275 백담사百潭寺

　백담사는 이름이 시적詩的이다. 에둘러 말하기 방식이 대단한 명명이다. 그러나 이게 비유만은 아니다. 실제로 설악산 백담사 올라가는 길 옆엔 세어보지 않아 알 수 없지만 백여 개쯤 충분히 됨직한 맑은 소沼가 이어진다. 계곡물이 만들어낸 자연 연못인 것이다.

백담사로 올라가며 100여 개의 연못에 100번쯤 존재를 씻으면 동자승 같은 제 모습이 잃었던 유년처럼 나타날까. 흐려진 거울을 닦듯 밤새도록 존재를 닦으면 환한 일원상이 보름의 달처럼 드러날까. 설악산의 백담사도 이전처럼 조촐한 맛이 없어져 아쉽지만, 인간의 때가 덜 묻은 계곡과 연못과 산이 빚어내는 주변 기운은 여전히 걸출하여 감동적이다.

276 유성출가 踰城出家

부모 몰래 월담하여 애인 만나러 가듯, 석가모니 부처님은 성벽을 뛰어넘어 자유를 만나러 떠났다. 생로병사, 부귀영화, 자아중독증을 넘어서기 위해 그는 그 높은 궁정의 성벽을 겁도 없이 뛰어 넘었다.

무서워할 것이 없는 세상에서, 우리는 무서운 것투성이인 세상을 만들어놓고, 두려운 자가 되어 있다. 이상의 「오감도 시 제1호」의 내용처럼 이 세상에는 '무서운 아해'와 '무서워하는 아해'만이 모여 있다.

277 숙생인연 宿生因緣

지나온 숙생, 다가올 숙생, 그 숙생의 무한겁 윤회를 생각하면 풀 수 없는 오래된 숙제宿題를 받은 것처럼 난감해진다. 어떻게 하면 생사윤회의 수레바퀴를 멈추게 할 수 있을까. 숙생에 쌓인 숙업 같은 아상이 시도 때도 없이 막무가내로 튀어나오는 것을 어찌해야 할까. 대지 아래 죽은 것이 아닌, 다만 고요히 숨죽이고 있는 온갖 씨앗들처럼 인因은 연緣을 찾고, 연은 인을 찾으며 생사윤회는 거듭된다. 구석기 시대의 씨앗이 최근 발아했다는 소식은 숙생의 인연이 어떤 것인지를 알게 한다. 냉동고에 보관된 유전자가 새 생명을 잉태시켰다는 소식도 또한 그러하다. 놀랍다. 두렵다. 하늘 아래 인과법을 피해갈 허술한 곳은 한 군데도 없나보다.

278 중광重光

중광 스님은 '괜히 왔다 간다'고 말하며 떠났다. 그러나 그는 괜히 왔다 가지 않았다. 괜히 왔다 가는 것은 나 같은 중생들이다. 몸무게를 줄이러 이번 생에 오지 못하고 오히려 몸무게만 잔뜩 늘리고 가게 될 것 같아 유구무언이다. 청소하는 걸레가 되지 못하고 옷이나 수백 벌 더럽혀놓고 갈 것 같아 수많은 어리석은 시간들이 한탄스럽다. 내 존재의 어질러진 내방內房을 내방來訪해보았으나 청소할 엄두가 나지 않는다. 이번 생의 남은 기간으로도 어림없다. 그래도 어쩌겠는가. 발 디딜 틈이라도 만들 각오로 어지럽혀진 내면을 정리하기 시작하는 수밖에 다른 도리가 있겠는가.

279 살불살조 殺佛殺祖

불살생은 불교의 제일 계율이다. 그런데 부처와 조사를 살생하라니 무슨 까닭인가. 하지만 한 개인의 완전성을 이보다 더 완벽하게 표현한 구절이 또 있을까. 근본적으로 완전한 우리는 그 누구를 기댈 필요도, 탓할 필요도, 두려워할 필요도 없다. 오직 망상이 우리를 불완전하게 만들고, 오직 무지가 우리를 두려워하도록 이끈다. 탐욕을 버리면 우리는 그대로 독존獨存이다. 개념과 상을 버리면 또한 우리는 그대로 독존이다. 문자(언어)를 버려도 우리는 그대로 부동不動의 독존이다. 모든 이가 자립自立한 직립直立의 존재이다.

280 법륜사 法輪寺

고당리 법륜사에 가서 처음으로 부처님 전에 절을 하던 날, 나는 회음부에서의 '모심'이라는 김지하의 시구를 생각했다. 김지하는 회음부를 우리들의 집주소로 삼아야 한다고 했다. 회음부란 인간의 몸의 가장 낮은 수원水源, 가장 본질적인 근원根源, 돌아가야 할 복본復本의 자리다. 그 자리를 집주소로 삼는 이는 출가한 거나 마찬가지이다. 회음부의 다른 이름은 '모심'을 낳는 '하심'의 대지요, 그 자체로 완전한 우주법계이다. 대지와 우주법계를 집주소로 삼을 때, 우리는 만물과 한몸임을 알게 된다. 반야의 마음으로 일체를 보게 된다.

281 현각玄覺

중광重光의 '중' 자도, 현각玄覺의 '현' 자도 산술적인 접근을 거부한다. 기호와 계산의 접근금지 구역이 좀더 많아야 한다. 욕심 같아선 이런 구역이 경부고속도로처럼 한반도의 간선이 되었으면 좋겠다. 그러나 중생들은 오늘도 마음의 치부책에 깨알 같은 숫자로 손익을 계산한다. 그리고 이익 앞에서 흥분하고, 손해 앞에서 분노한다. 기준이라곤 이기심밖에 없는 중생들의 비루한 삶은 흥분과 분노로 들썩이느라, 한밤의 보름달이, 내일의 새벽해가 무심하게 떠오르는 것도 보지 못한다.

282 세등世燈

버려진 폐가 마당의 가을 감나무가 세등世燈이다. 문짝조차 일그러진 시멘트 창고 옆의 가을 은행나무가 세등이다. 노인들이나 겨우 오가는 시골 마을 동구의 느티나무도 세등이다. 느티나무를 찾아든 새들의 노래 역시 말할 것 없는 세등이다. 그뿐 아니다. 가을 들녘을 영 쓸쓸하지만은 않게 하는 무와 배추도 빼놓을 수 없는 세등이다.

283 무외시無畏施

'내가 주를 믿는데 누가 나를 대적하리오' 라는 말이 기독교 성경에 나온다. 모든 참종교는 본질을 보게 함으로써 '두려움'을 없애준다. 위 구절의 '주'는 진리의 다른 이름이다. 불교식으로 말한다면 '정견正見에의 도달이자 그와의 만남' 이다. 바르게 볼 수 있으면 무서울 것이 없다. 이 우주 속에서, 우주의 몸 자체가 되어, 우주적 작용을 하는 우리들이 제집 같은 이 우주 속에 살고 있는데 무슨 무서울 일이 따로 있겠는가. 무서워하는 것은 우리들의 사심 때문이고, 무서운 것은 그 사심이 만들어내는 환영이다. 친구들에게 비싼 원두커피 한 잔 사주느니, 정견의 지혜를 선물하자. 커피를 마시면 수면에 방해가 되지만, 정견을 듣게 되면 하룻밤만이라도 편안하게 숙면하고 상쾌하게 새날을 맞이할 수 있다.

284 법주사法住寺

법주사라고 말할 땐 꼭 '속리산俗離山 법주사法住寺' 라고 해야 제격이다. 속세를 떠난 산이라는 의미의 속리산은 그 이름만 들어도 마음의 초벌공부가 된다.

이른 아침, 이제 막 절의 풍경이 가까스로 제 모습을 드러내기 시작할 무렵, 소년단원 같은 한 떼의 어린 아이들이 왁자지껄 법주사 절 속으로 뛰어 들어온다. 견학을 온 것이다. 그 사이로 향수 냄새 짙은 나이든 남녀 한 쌍도 어디서 잠을 잤는지 함께 일찌감치 묻어 들어온다. 이유야 어찌되었건 그들의 마음 한가운데에 '법의 기둥'이 봄날의 새싹처럼 움텄으면 좋겠다. 속리산의 탈속한 정기가 그들 삶을 정화시키고 성장시켜 주었으면 좋겠다. 내려가는 길에는 올라오던 때보다 공부가 더 된 모습으로 변하여 돌아갔으면 좋겠다.

285 육적六賊

김지하는 「오적五賊」이라는 담시를 써서 고초를 당했다. 그런데 우리 몸엔 '육적'이 있다. 안이비설신의眼耳鼻舌身意라는 육근六根이 육경六境을 맞이하여 빚어내는 미혹한 행위이다. 올 가을엔 안근眼根이 단풍든 산하를 지나치게 탐했다. 지난 여름엔 이근耳根이 풀벌레 소리를 과도하게 탐했다. 며칠 전에는 비근鼻根이 모과향에 취하여 비틀거렸다. 어제는 설근舌根이 맛있는 음식을 찾아 헤매며 투정을 부렸다. 점점 추워지기 시작하는 최근엔 신근身根이 양지를 탐하며 뒤뚱거린다. 그러나 이들은 아무것도 아니다. 의근意根은 보이지 않는 곳에서 일년 삼백육십오일을 숨바꼭질하듯 사심私心을 드러냈다 숨겼다 한다. 내 몸을 내 맘대로 할 수 없는 곳에서, 긴 세월이 흘러가고 있다.

286 청안淸眼

헝가리 출신의, 둥글어서 편안하고 편안해서 둥근 청안 스님, 그 눈빛은 벽안碧眼이다. 조용히 안쪽을 향해 있는 그의 푸른 눈빛에서 바람결이 일지 않는 산중의 호수를, 아니 오래 보아 아무렇지도 않은 인근 마을 바다를 떠올린다.

아무렇지도 않은 자가 되기까지는 참 오랜 수련이 필요하다. 아무렇지도 않게 세상을 보는 데도 정말 엄청난 수행이 필요하다. 나, 그에게서 아무렇지도 않은 세계를 본다.

287 숭산崇山

산은 늘 그렇게 그곳에 있다. 지리산을 찾아갔다가 지리산이 이사를 가서 그만 못 찾고 되돌아왔다는 이야기를 들어본 적이 없다. 깨달은 사람은 모두 산처럼 그냥 그곳에 있다. 생각을 쉬고 반연을 쉬니 갈 곳이 따로 없는 것이다. 만약 산이 분주해보인다면 그것은 그곳을 찾는 사람들의 호들갑과 변덕스러움 때문이다.

숭산은 '오직 모를 뿐, 오직 할 뿐'이라며 한 곳에 숭고한 산처럼 그렇게 있었다. 그의 말을 알아듣는 자들이 제자가 되어, 동서양에서 참나를 알려주느라 열심이다. 화계사 국제선원장인 현각 스님도, 헝가리

관음사 청안 스님도 그런 제자들이다.

288 약천사藥泉寺

숭산 스님은 "걱정하지 마라, 만고광명萬古光明이 청산유수靑山流水이다"라고 유언하였다. 천상병 시인은 '괜찮다 괜찮다 다 괜찮다'고 시집 제목을 붙였고, 그런 제목의 시도 썼다. 서정주 시인은 "괜찮다……/ 괜찮다……/ 괜찮다……/ 괜찮다……"를 몇 차례 반복하며 「내리는 눈발 속에서는」이라는 시를 썼고, 공지영은 『괜찮다, 다 괜찮다』는 제목의 수필집을 내며 자신의 삶을 위로했다.

그래, 괜찮다. 삶은 그대로 괜찮다. 혹시 '이번 생은 망쳤다'고 생각돼도, 그것은 생각일 뿐 당신은 이 우주의 일원으로 괜찮게 살아갔다. 또한 다음 생이 이어질 것이니, 그때 정신 차리고 공부하면 된다. 우주는 당신의 몸이고 당신을 끝까지 기다린다. 마치 하나님이 한 마리의 잃어버린 양을 기다리듯이 말이다.

'괜찮다'는 말을 만트라처럼 외워보자. 그 자리가 당신의 질병을 치유하는 약천사가 될 것이다.

289 와불臥佛

무한의 초원을 하염없이 걷다 보면 그냥 그 소실점의 어느 지점에서 와불처럼 누워버릴 수 있을까? 무한의 사막을 생각 없이 걷다 보면 사막과 더불어 일체의 와불이 될 수 있을까? 한밤의 정적 속에 편안히 숙면을 취하다 보면 와불이 어떤 것인지를 알 수 있을까? 나를 넘어, 가족을 넘어, 국가를 넘어, 인류를 넘어, 지구를 넘어, 그 무엇도 넘어 가다 보면 어느 것도 경계가 되지 않을 때쯤 와불처럼 아무 곳에서나 두 발 뻗고 누울 수 있을까? 긴장감이 과도한 시대엔, 누구나 와불이 되는 비법을 조금씩이라도 터득하고 살아야 한다. 그래야 지나치게 탈이 나지 않는다.

290 우담바라 優曇婆羅

어느 꽃인들 우담바라가 아니랴. 모든 꽃은 이곳에 여래가 오셨음을, 아니 이곳이 여래의 땅임을 알려주는 화려한 징표이다. 오지도 가지도 않으셨다는 여래는 그냥, 여기에, 이렇게 표나지 않게 존재하신다. 그것이 너무 무표정하고 무덤덤하니, 중생들을 위해 우담바라 이야기도 지어내고, 꽃이라도 한 번 화려하게 피워보는 개화의 시절을 만들었으리라.

291 숫타니파타

『숫타니파타』는 불교 최초의 경전이다. '무소의 뿔처럼 혼자서 가라'는 공지영의 소설 제목이 여기에 들어 있음으로 해서 유명해지기도 한 경전이다. 나는 『숫타니파타』의 두 번째 장인 「소치는 사람」의 내용을 가장 좋아한다. 그 중 앞의 한 부분을 옮겨본다.

> 소치는 다니아가 말했다.
> "나는 이미 밥도 지었고 우유도 짜 놓았습니다. 마히 강변에서 처자와 함께 살고 있습니다. 내 움막 지붕에는 이엉을 덮어 놓았고, 집안에는 불을 지펴 놓았습니다. 그러니 신이여, 비를 뿌리려거든 비를 뿌리소서."
>
> 스승은 대답하셨다.
> "나는 성내지 않고 마음의 끈질긴 미혹도 벗어 버렸다. 마히 강변에서 하룻밤을 쉬리라. 내 움막에는 아무것도 걸쳐놓지 않았고, 탐욕의 불을 남김없이 꺼 버렸다. 그러니 신이여, 비를 뿌리려거든 비를 뿌리소서."

이렇게 수차례 계속되는 두 사람 간의 대화이자 대비법으로 이루어진 「소치는 사람」의 장에서 앞의 절은 성공한 중생의 자신만만한 목소리이고, 뒤의 것은 출세한 해탈자의 겁 없는 목소리이다. 하지만 둘에게 공통점이 있다면 두려움을 넘어선 배짱 두둑한 용장의 면모이다. 어떤 배짱도 갖지 못한 심약한 나에겐 소치는 다니아도, 그의 스승도 오직 부러운 대상이다.

292 미륵반가사유상 彌勒半跏思惟像

십자가의 '예수님'과 대웅전의 '부처님', 로댕의 '생각하는 사람'과 백제 미술품인 '미륵반가사유상'은 서양과 동양의 차이점을 여실하게 드러낸다. 극단의 비극과 고통은 또 다른 극단의 초연함과 평화의 다른 이름인가. 전자의 비극과 고통이 후자의 초연함 및 평화와 대조적이다. 그런데 나이 들수록 예수님의 비극보다 부처님의 미소로, 로댕의 고통보다 미륵불의 평화 쪽으로 마음이 가는 것은 웬일일까. 아마도 젊은 시절엔 비극과 고통을 견딜 만한 원기가 있었는데, 이젠 그것이 점점 줄어들기 때문인지도 모르겠다. 그렇더라도 예수님의 십자가상과 로댕의 조각상은 부처님의 편안함과 반가사유상의 평온함에 비하면 보는 사람을 너무 아프게 한다. 너무 아프게 하는 것도 보통 사람들에겐 문제이긴 문제이다.

293 운주사 雲舟寺

깊은 골짜기에 파고들어, 더 이상 갈 수 없는 막다른 골목에 스스로를 유폐시킴으로써 자유로워진, 한 괴짜 인간의 '돌놀이' 풍경이 눈에 선하게 들어온다. 돌놀이는 쇠놀이보다 힘이 덜 들지만, 흙놀이나 나무놀이에 비하면 고난도의 것이다. 아마도 누군가가 쉬운 놀이를 택하지 않고 어려운 돌놀이를 택한 것은 그 스스로를 옭아맴으로써 마침내 자유로워지는 데 그 놀이가 가장 알맞았기 때문이었을 것이다. 어지간해서는 말을 듣지 않는 돌덩이와 동무가 되기까지 그는 평생에 가까운 시간을 들였을 것이다. 지금도 돌을 다루려면 굴삭기나 절삭기가 등장하던데 그는 그때 무엇으로 돌을 어르고 달래며 놀았을까. 놀라울 뿐, 짐작이 잘 가지 않는다.

294 서산 마애불磨崖佛

그 정도는 웃을 줄 알아야지. 아무렇지도 않게 그만큼은 웃을 줄 알아야지. 그 정도는 그릴 줄 알아야지. 미술가라면 그 정도는 깊이 들어가 보고 표현할 줄 알아야지.

서산 마애불을 조각한 사람은 웃음의 진면목을 아는 사람이었을 것이다. 그는 서산 마애불보다 더 마애불다운 사람이었을 지도 모른다.

우리가 쓰는 모든 기호들, 우리가 만드는 모든 조형물들은 우리 영혼의 정확한 반영체인데, 부끄럽다, 함부로 속을 드러낸, 나를 닮은 못난 기호와 조형물들이 내 업적을 빙자해 흉하게 나뒹굴고 있다.

295 마하반야바라밀다심경 摩訶般若波羅密多心經

모든 것을 반야의 눈으로 바라보자.『동의東醫에의 초대』를 쓴 금오金烏 김홍경 선생이 인간의 몸도 반야의 눈으로 바라보아야만 온전한 치유가 가능하다고 한 말이 인상적이다. 백회부터 용천까지, 머리끝부터 발끝까지, 우리의 몸 전체를 나누지 않은 하나의 완전한 일체로 관하고 포용하라는 것이다. 이렇게 할 수 있다면 우리는 경전 없이도『마하반야바라밀다심경』을 터득한 것이나 마찬가지이다. 우리의 몸도, 우리의 삶도, 우리의 나날도, 우리의 지구도, 우리의 우주도 반야의 눈으로 보고 살아가자. 그러면 어느새 우리는 '바라밀'의 언덕에 가까이 가 있을 것이다.

296 금강반야바라밀경 金剛般若波羅密經

『반야심경』이나『금강경』이나 모두 반야부의 경전이다.『반야심경』은 압축미가 일품이고『금강경』은 사제 간의 대화가 일품이다. 압축미가 돋보이는『반야심경』은 독송할수록 콤팩트한 압축파일이 풀리는 느낌을 준다. 그에 비해 대화체가 빛나는『금강경』은 사제 간의 무한한 신뢰 속에서 오는 따스한 온풍이 인상적이다.

『금강경』의 선생님인 석가모니 부처님은 어느 곳에도 머물지 말라고 거듭거듭 수보리에게 가르치고 당부하신다. 사실 머무르고 싶어도 머무를 수 없는 것이 우리들 모두의 운명적인 인생사이고 무한 우주가 가는 도정이다. 그런데도 우리 마음은 떼 쓰는 아이처럼 한 곳에 머물러 왕고집을 피운다. 고집을 피우다 영 힘이 들면 그곳을 떠난다 하더라도 그런 깨달음과 포기는 일시적일 뿐이다. 또다시 고집을 피우다 우리들의 세월은 가고, 또다시 고집을 피우다 우리들의 인생은 가고, 또다시 고집을 피우다 우리들의 몸은 쇠약해지는데, 그때쯤이면 겨우 우리는 낡고 쇠약한 몸을 끌고 지난날에 내가 어리석었다고, 정말 철부지였다고 때늦은 후회를 한다.

297 유마힐소설경 維摩詰所說經

'영혼이 있는 승부'를 꿈꾼다면 재가자의 삶도 출가자의 삶과 다르지 않을 것이다. '영혼'은 '공심空心'의 다른 이름이다. 유마거사가 재가불자로서 숭앙을 받은 것도 이 공심의 탁월한 운영과 발현 때문일 것이다. 곳곳이 전쟁터인 '아수라장' 같은 이 세계 속에 언제쯤 '영혼이 있는 승부사'들이 출가자처럼 맑은 모습으로 무리지어 등장할 수 있을까. 인류는 언제쯤 되면 그만큼의 '진화'를 이루게 될 수 있을까. 진화론이 적자생존의 논리만이 아니라면 몇 단계 넘어선 '영적 진화'를 어느 먼 미래의 일로 기대해봐도 좋을지 모르겠다.

298 벽암록 碧巖錄

석지현 스님이 역주한 원오극근圓悟克勤의 『벽암록』을 들고 씨름하던 여름날, 아련한 새벽빛이 조금씩 내 방으로 내방來訪하는 것 같았다. 그러나 선사들의 언어도단言語道斷 앞에서 나는 구경하는 것만으로도 벅찼다. 규칙을 모르고 관람하는 운동경기처럼, 뭔가 흥미로운 것 같기는 한데 그들과 함께 호흡을 맞출 수가 없었다. 그들의 노래를 리듬 맞춰 따라 부를 수가 없었다. 그래도 나는 자꾸 읽었다. 그러자 악보를 제대로 읽을 수는 없으나 노래는 겨우 제식대로 감상할 수 있는 사람처럼 귀가 아주 가늘게 조금씩 열리기 시작하였다. 그 정도의 동참으로도 너무나 기뻤던 어느 여름날을 잊을 수가 없다.

299 육조단경 六祖壇經

법통法統을 전하든, 밥통을 전하든, 아니면 바톤을 전하든 그것은 '적임자適任者'에게 전해져야 한다. 그런 적임자를 찾으려면 눈이 밝아야 한다. 어두우면 평생 고생苦生이다. 전수한 자도, 전수받은 자도, 그 주변사람들도 함께 고생이다. 고생은 말 그대로 고통스러운 생이다. 석가모니 부처님이 말씀하신 고해苦海 속에서의 삶이다.

『육조단경』의 주인공인 육조 혜능대사는 선불교의 법통을 전수받은

'적임자'이다. 5조 홍인대사의 밝은 눈이 그를 찾아냈다. 그가 적임자가 됨으로써 홍인대사는 물론 역대 조사들도, 그리고 본인인 혜능대사도, 또한 그 주변 사람들도 모두 쓸 데 없는 고생을 벗어나 여여한 삶을 살게 되었다. 밝은 눈이 빚어낸, 적임자가 창조한 기적이다.

300 대지大智 문수보살文殊菩薩

오대산 상원사 문수전文殊殿에서 '문수보살', '보살 문수'를 목탁소리의 음률에 맞춰 염송하는 한 스님의 목소리가 오랜 시간 계속 울려 나온다. 지혜의 맑고 밝음이 어수선한 관광객들의 소란스러움 속에서도 그 나름의 파동을 잃지 않고 연주된다. 지혜가 맑고 밝다면, 지혜의 짝인 자비는 두텁고 따스하다. 지혜가 빛이라면 자비는 열이다. 빛과 열이 조화를 이루어야 한 존재의 완성이 이루어진다면 양자의 조화경이 이뤄낸 풍경을 자아실현의 경지라 할 수 있을 것이다. 너무 흔하게 쓰여지는 자아실현이란 말은 다시 숙고되어야 한다.

301 대행大行 보현보살普賢菩薩

우주는 언제나 대행大行을 하고 있다. 대행을 하면 대행大幸하다. 국문학자 가운데 이름이 대행인 김대행金大幸 교수도 있다. 보현보살의 10

대 행원을 담은 향가 「보현시원가普賢十願歌」가 『균여전均如傳』에 전한다. 10대 행원을 행하면 우리도 대행하는 대우주가 된다. 그러면 달리 뜨거운 행복을 탐할 필요 없이 그대로 대행大幸해진다.

302 대비大悲 관세음보살觀世音菩薩

영 어쩔 수 없을 땐 '관세음보살'을 부르며 평화를 얻어도 좋다. 영 어쩔 수 없을 땐 '관세음보살'을 생각하며 잠을 청해도 좋다. 또한 영 어쩔 수 없을 땐 '관세음보살상' 앞에 다가가 절하며 기원해도 좋다. 정말 영 어쩔 수 없을 땐 '관세음보살상'을 책상 앞에 모셔놓고 눈을 들어 애인의 사진을 들여다보듯 자주 바라봐도 좋다.

그러다 보면 어느 날, 관세음보살 없이도 자립할 수 있게 되고, 또 다른 날이 되면 관세음보살상을 조금 닮은 자신을 발견하게 될 수도 있을 것이다.

303 대원大願 지장보살地藏菩薩

꿈도 참 대단하다. 그야말로 대원이다. 지옥중생을 다 건질 때까지 부처가 되지 않겠다는 그 원願을 다른 무엇과 비교할 수 있겠는가. 때로는 너무 큰 꿈이 삶에 방해가 되기도 한다. 너무 큰 것은 언제나 추상성을 띠기 때문이다. 그러나 지장보살의 이토록 큰 꿈은 추상으로 다가오지 않으니 그것은 무엇 때문일까. 몇 해 전, 경기도 이천의 한 작은 암자에 갔더니 스님 한 분이 옷이 땀에 젖도록 지장보살을 몇 시간이나 염송하고 있었다. 염송을 마친 스님은 다른 나라의 사람 같았고, 그분은 한 번의 두리번거림도 없이 마당을 가로질러 자신의 처소로 돌아갔다. 그는 분명 누군가의 영혼을 지장보살과 합심하여 구원해낸 것이라 생각된다. 늪으로 빠져드는 한 영혼을 살려내기 위해 그는 그토록 엄청난 땀을 흘린 것이라 짐작된다.

304 균여均如

균여均如는 진여眞如다. 고르고 평평한 세계, 공평하고 무사한 세계가 바로 진리의 세계이기 때문이다. 고려시대의 승려이자 시인이었던 균여는 그의 이름답게 균질한 세계를 살다 갔다. 잘 살다 간 사람의 뒷길엔 그림자가 남지 않는다. '성균成均'의 그것처럼 음양이 균형 있게 구현된 자족과 지족의 삶이 있을 뿐이다.

305 육바라밀六波羅密 2

이쪽 언덕에서 저쪽 언덕으로 가는 여섯 가지 길 가운데 어느 길이 가장 좋을까. 눈 밝은 대선각자들이 각자의 특성에 따라 선택할 수 있도록 여섯 가지 길이나 제시해놨으니, 피안에 이르는 길은 참으로 넓은 셈이다. 오늘 밤 조용히 생각해본다. 나에게 가장 적합한 길은 어떤 길일까. 보시, 지계, 인욕, 정진, 선정, 지혜 가운데 어느 것이 나를 저쪽 언덕으로 잘 데려다 줄까. 바퀴도 크고 길도 넓은 것 같지만, 선뜻 택할 만한 것이 마음에 들어앉지는 않는다. 장고 끝에 겨우 '지혜' 쪽을 생각해보지만, 그것도 문자 공부에 익숙한 그간의 내 업과 습이 빚어낸 결과인 듯하다. 그래도 어쩌겠는가. 지난날을 일거에 지울 수는 없으니까.

306 나무묘법연화경 妙法蓮華經

제목만 외워 불러도 인생길이 한결 순탄해질 것이라고 믿으며, '나무묘법연화경'을 그 뜻도 모른 채 외워대던 친구의 부모가 계셨다. 본래 그 동네에서 넉넉한 축에 끼였던 그 부모는 언제나 편안하고 푸근한 분위기를 갖고 계셨다. 나는 그가 나무묘법연화경의 진의를 몰랐어도 '집신즉불卽佛'을 외우다 견성한 어느 노인처럼 이 주문에 전심을 바치다가 그만 자신도 모른 채 전심을 바친 만큼 밝아진 것은 아닌가 짐작해본다. 부처가 아닌 것이 없으니. 어느 것을 전심으로 사모해도 존재는 차츰 밝아진다. 사모思慕라는 말이 유달리 사무치는 날이다.

307 본생담 本生談

훌륭해지면 누구나 전생담이 논의된다. 세상엔 갑자기, 우연히, 나타나는 것은 없다고 믿고 싶기 때문일 것이다. 갑자기, 우연히라는 것만큼 불공평하고 불안정한 것이 또 있을까. 우리는 세상을 퍼즐 맞추듯 반듯하게 꿰어 맞출 수 없다. 그렇다고 세상이 무질서한 것은 아니다. 세상은 우리가 모르는 사이에 빈틈없는 조직을 이루고, 그 조직의 한 부분에 우리가 들어가 살고 있다. 누구도 자신의 자서전조차 완벽하게 쓸 수 없으나 어떤 사람의 삶도 석가모니 부처님의 전생담과 같은 전사 前史를 갖고 있다. 비록 그것이 훌륭하지는 않다 하더라도 말이다.

308 앙굴라말라

교육은 끝까지 사람을 포기하지 않는 일이다. 언젠가는 달라질 수 있을 것이라고, 언젠가는 깨달을 수 있을 것이라고 기대감을 죽는 순간까지 놓지 않는 일이다.

교육이 한 생을 앞에 놓고 계획을 세운다면 전법傳法은 무한 생을 앞에 놓고 설계를 한다. 돌아오는 어느 먼 생애쯤, 지금 심은 씨앗이 선연 善緣 속에서 깨달음의 씨앗으로 움틀 것을 기대하며 머무르지 않는 무심함으로 그냥 씨앗을 심는 일이다.

누가 얼마나 오래 전에 심었는지 모를, 들녘 밭두렁의 고목이 다 된 감나무 한 그루가 올가을 들어 유난히 찬란하다. 그 감나무를 심은 사람은 이 나무가 그토록 찬란한 가을열매를 달 수 있으리라 상상하지 못했을지 모른다. 아니다. 이것은 실로 좁은 소견이다. 그 나무를 심은 사람은 정말로 시간을 넘어, 공간을 넘어, 소유를 넘어 그 나무의 미래를 상상하며 나무를 심을 줄 아는 사람이었을지 모른다.

309 춘다

석가모니 부처님은 춘다가 공양한 버섯요리를 드시고 식중독으로 열반하셨다. 모든 음식은 약이자 독이다. 음식 때문에 우리는 살지만, 음식을 먹은 대가로 우리는 죽는다. 삶은 늘 약과 독 사이에서 기우뚱거린다. 약기운이 강하면 그날은 상쾌하고, 독기운이 강하면 하루가 피로하다. 음식이 약이며 독인 것은 상징적이다. 세속의 모든 것은 더하기 빼기를 계속하다 보면 그 값이 제로가 되기 때문이다. 세속사는 언제나 빛만큼의 그림자를 동반한다. 빛과 그림자의 함수관계 속에서 세속사가 영위된다.

310 주리반특

세상에서 가장 머리가 나쁜 주리반특도 깨달았는데 나라고 못 깨달을까, 이렇게 생각하는 사람에게 주리반특은 은인이다. 세상에서 가장 간단한 말 한마디('먼지를 털자')를 반복하다가 깨달음에 이른 사람도 있는데, 생각하는 사람에게 주리반특은 역시 은인이다. 세상에서 빗자루 하나 건네주고 깨닫게 한 사람도 있는데, 생각하면, 주리반특에게 빗자루를 건네준 석가모니 부처님은 은인이다.

311 삭발削髮

승복의 색인 괴색壞色이 아무에게나 어울리지 않는 것처럼, 삭발 또한 사람을 까다롭게 가린다. 괴색을 소화할 수 있는 사람이 멋쟁이라면 삭발이 어울리는 사람 또한 대단한 멋쟁이이다. 삭발은 자발적 거세를 통한 우주적 중생이자 영생의 심벌이다. 가릴 것 없이 모든 것을 삭발한 듯 내놓을 수 있을 때, 비로소 우리는 무애한 길의 초입에 들어설 수 있다.

312 지관智冠

이왕 관을 쓰려면 지혜의 관을 쓰고 싶다. 그것도 높게, 우아하게, 화려하게 쓰고 싶다. 승리의 월계관을 쓰면 역사책에 기록되지만 지혜의 높은 관을 쓰면 역사책을 넘어서게 된다. 법명이 지관인 조계종 총무원장 스님이 며칠 전 퇴임하였다. 그 뒤를 이어 자승慈乘 스님이 취임하였다. 지관과 자승, 지혜와 자비, 잘 어울리는 음양의 상생적 한 쌍이다.

313 요사채寮舍寨

자급자족이 가능하다면 두려움은 급감한다. 최소한의 의식주만을 필요로 해도 두려움은 반감한다. 욕망이 두려움을 낳고 두려움이 질병을 낳는데, 스님들의 요사채에는 무엇무엇이 있는가. 대웅전은 마음대로 드나들 수 있어도, 요사채는 언제나 저 멀리에 있다. 그래서일까. 우리는 낮은 울타리 밑의 백일홍이나 채송화 몇 송이를 한동안 바라보든지, 발이 내려진 댓돌 밑의 하얀 고무신 두어 켤레나 훔쳐보다 돌아오는 것이 고작이다. 그렇더라도, 낮은 울타리, 꽃 몇 송이, 하얀 고무신, 정갈한 마당, 이런 것들은 그것만으로도 단순한 삶의 평화를 안겨준다.

314 과거칠불過去七佛

셀 수 없이 반복된 길고 긴 우주의 생성과 소멸 과정 속에서 부처님이 일곱 분밖에 안 나왔다는 것은 너무한 일이 아닌가. 그러나 살펴보면 부처님이란 사심이 0퍼센트이고, 공심이 100퍼센트인 분인데 일곱 분이 나온 것만으로도 실은 대단한 사건이 벌어진 것이다.

사심과 공심의 기준으로 보면 기독교의 예수님도 부처님이나 마찬가지이다. 그도 사심 0퍼센트에, 공심 100퍼센트의 삶을 살았으니까 말이다. 그리고 그런 삶을 살면서 사랑의 대혁명을 구현했으니 말이다. 부처님들도, 예수님도 삶의 공적 완성을 이룩한 공인公人이자 공인空人이다.

서양 사람들은 공심의 크기가 대단한 사람들에게 '세인트'라는 영광스런 접두사를 붙여준다. 산타 클로스, 산타 마리아, 세인트 폴, 세인트 아우구스티누스 등과 같은 경우가 그것이다. 동양 사람들은 이런 사람 이름 앞에 무슨 말을 붙여주나. 잘 생각은 나지 않지만 성인을 그리워하는 마음은 어느 곳에서나 동일하다.

315 자자自恣

안거 마지막 날에 자신의 잘못을 스스로 고백하고 참회하는 의식이 자자이다. 자자를 하고 나면 마음의 거울이 고요해질 것이다. 그리고 나이테 하나가 더 둘러진 나무처럼 자기 존재의 허리둘레가 한결 굵고 튼튼해지는 것을 느낄 것이다. 세상에서 제일 어려운 것은 고백과 용서이다. 고백은 부끄럽고, 용서는 손해 보는 것 같기 때문이다. 어려운 일은 때로 의식儀式으로 만들 필요가 있다. 가끔은 타율에 의해 자율이 만들어지기도 한다.

316 포살布薩

계戒와 율律이 없으면 삶은 아나키 상태이다. 계와 율만큼 살기殺氣의 아름다움과 효용성을 보여주는 것도 없다. 가을은 살기의 참맛과 참멋을 드러내는 대표적인 계절이다. 가을과 같은 살기의, 이른바 수렴의 힘이 빚어내는 계와 율이 있음으로써 비로소 사람도 자연도 생명의 길을 건강하게 열어갈 수 있다.

317 라훌라

석가모니 부처님이 아들에게 준 최고의 상속물이자 선물이 '출가'를 하게 한 것이다. 자녀사랑이 소유욕의 다른 이름인 이 시대의 범부들과 비교하면 그 차이가 하늘과 땅 사이만큼 크다.

일타 스님의 친가와 외가는 그의 외증조할머니 덕에 41명이 출가하였다고 한다. 이 절, 저 절, 이곳저곳에서 스님들을 만날 때마다, 저분들은 어찌 저렇게 일찍 안목이 열려 다른 세계를 살고 있을까, 생각하며 부러워한 적이 한두 번이 아니다. 겨우 근대예술 언저리에서 자유를 논하는 처지에 있다가 '출가자의 자유'를 만날 때마다, 나는 '한 수 졌구나' 하는 생각으로 저녁 내내 심란하다. 스스로에 대한 위로 삼아 재가승의 자유를 논해봐도, '한 수', 아니, '몇 수' 진 것만은 사실이다.

318 마곡사 麻谷寺

마곡사 돌계단에 앉아 잠자리들이 걱정 없이 노니는 것을 바라본다. 고요하기 그지없는 늦여름 평일 저녁 무렵의 주인공은 단연 하늘의 잠자리들이다. 잠자리들처럼 몸이 가벼워지려면 '무주無住'의 공덕을 한없이 베풀어야 하리라. 여기저기 머무느라 우리 몸엔 날개가 돋을 틈이 없다. 그저 뒤뚱거리는 몸으로 우왕좌왕하다 가끔씩 하늘을 올려다보는 것이 고작이다.

319 불자 拂子

불자는 먼지나 모기, 파리 등을 쫓던 생활도구였다고 한다. 그런 불자가 지금은 성스러운 불기佛器가 되어 있다. 여기서 관념과 이미지의 드나듦이 어떤 것인지를 생생하게 알 수 있다. 관념과 이미지의 놀이에 따라 세상은 그 무엇이 될 수도 있다. 그러나 그것이 실상이 아님은 삼척동자도 다 아는 일이다. 시간이 있을 때마다 관념을 거둬내고 이미지를 청소하라. 그러면 얼룩덜룩했던 삶이 한결 말쑥해질 것이다. 금방 목욕하고 나온 아이처럼 정갈해질 것이다.

320 사홍서원 四弘誓願

불교예식을 지켜보면 참가자들이 기독교 예식에서 주기도문을 외우듯 사홍서원을 고한다. 결국 이 땅을 하느님 나라로, 불국토로 이루고 싶다는 소망과 서원이 이들 속에 들어 있는 것이다. 하나님 나라와 불국토란 어떤 곳인가. 그곳은 영성 혹은 불성이 주도하는 무아적 세계이다. 소아를 넘어선 공심이 아무렇지도 않은 일상이 되어 있는 곳이다. 소아가 지배하는 한, 인류는 유치한 어린이 단계를 넘어설 수 없다. 소아란 소아小兒들의 특징이다. 지금 인류는 이 단계를 크게 벗어나지 못하고 있다.

321 주장자 拄杖子

주장자가 잘 어울리는 스님이 따로 있다. 이를테면 진제眞諦 스님의 경우가 그러하다. 주장자래야 나무 지팡이에 불과한 것이나, 그것을 누가 한번 꽝 내려치느냐에 따라 번뇌가 줄행랑치는 속도는 다르다. 초등학교 선생님들이 회초리를 들고 아이들이 와자지껄 떠들어대는 복도를 오간다. 회초리는 학교의 주장자이거나 죽비이다. 철이 덜 든 아이들을 크게 놀라지 않게 하면서 다스리는 데는 이만한 교구도 따로 없다. 조금 무서운, 그러면서 정신 차리게 만들던, 초등학교 선생님 책상 위에, 출석부와 나란히 놓여 있던, 30센티미터 정도의 반질반질 윤이 나던 나무막대기가 떠오른다.

322 천수관음보살상 千手觀音菩薩像

손은 몸의 최전선에서 활동한다. 눈은 얼굴의 중심이다. 손이 몸 일의 대부분을 감당한다면, 눈은 얼굴모양의 핵심을 결정한다. 손을 보면 거기에 그 사람의 전모가 압축돼 있다. 눈만 보아도 그 사람의 영혼의 핵심을 짐작해볼 수 있다. 이런 천수천안의 관세음보살상은 미치지 않는 곳이 없고, 보지 않는 곳이 없으며, 하지 못하는 것이 없는 전지全知, 전능全能, 전선全善의 존재이다. 신이란 대체로 전지, 전능하기는 하나, 전선하지 않을 때가 있다. 그러나 천수천안의 관세음보살상은 보살심의 원천인 전선의 마음을 최저 성층에 깔고 있다. 그의 전지와 전능은 전선의 구현을 위한 방편이다.

323 룸비니동산

고향에서 대접받기가 가장 어렵다. 고향 사람들은 현재를 보지 않고 과거에 집착한다. 그들은 금의환향한 한 인간의 현재를 보지 않고 그가 코흘리고 넘어지던 일들, 유치하여 실수하던 일들, 이런 것들에 집착하며 그를 과거로부터 해방시키지 못한다.

예수도, 석가모니 부처님도 고향에서 대접받기보다 타지역에서 존중받았다. 예수님을 믿는 기독교도들은 중동의 이스라엘이 아닌 구미 등의 다른 지역에 많고, 석가모니 부처님을 따르는 사람들도 인도나 네팔이 아닌 동아시아 지역에 몰려 있다.

20세기에 들어 기독교는 한국 땅에서 크게 부흥하고, 최근 들어 불교는 구미 여러 나라에서 대접받고 있다. 우리의 눈은 늘 믿을 수 없어, 가까운 곳을 더 왜곡하기가 일쑤이다. 가까운 곳을 제대로 보기만 해도, 금강석 같은 보물은 처처에 가득하리라.

324 부도탑 浮屠塔

이번 생에 아예 태어나지 않은 셈치고 대아심 속에 대아적 삶을 살아볼 수 있는 일엔 무엇이 있을까. 우선은 출가하여 수행승이 되어보는 일일 터이다. 이번 생에 한 10년쯤 없는 시간으로 치고 대아적 헌신을 하여 해볼 만한 일론 무엇이 있을 수 있을까. 다양한 경전을 읽어보는 일이 있을 것이다. 이번 생에 한 1년쯤 없는 시간으로 치고 자발적 공심을 내어 해볼 만한 일엔 어떤 것이 있을까. 아름다운 꽃들을 길러 길가는 사람들에게 기쁨을 주는 일이 어떨까 한다. 그러면 이 한 주의 7일 가운데 단 하루쯤만이라도 없는 날로 칠 수 있다면 무슨 일로 자아를 넘어선 시간을 만들 수 있을까. 바다를 찾아가 그대가 나라고 외치며 마음 열어 한 몸 되어 보는 일이 괜찮을 것이다.

부도탑은 사찰의 장식품도, 예술작품도 아니다. 소아를 넘어서 크게 산 자들의 영혼이 고요히 쉬고 있는 적멸보궁寂滅寶宮이자 대적광전大寂光殿이다.

325 열반송涅槃頌

죽음에 이르러 마지막으로 하는 말을 유언이라 부르든 열반송이라 부르든 소아가 만들어낸 말들은 모두 진한 어둠을 품고 있다. 부모의 소아적 유언을 신주처럼 받들다 한 생애를 저당 잡힌 사람도 우리 주변엔 적지 않다. 부모의 언어가 제대로 된 권력이려면 그 권력은 소아를 넘어선 자리에서 만들어진 것이어야 마땅하리라.

죽음조차 참다운 열반이자 입적入寂이 되는 것을 막는 위험지대에 범속한 유언이 있다. 죽음이라는 공포의 세계를 먼저 간다는 그 권력에 기대어 본인도, 남아 있는 자들도 소란하게 만드는, 그런 유언은 삼가는 것이 어떨까. 떠나는 자는 말이 없듯, 조용히 떠나는 것도 멋진 이별의 한 방식이다.

326 간화선 看話禪

아무것도 손에 쥐지 않으면 손 둘 바는 물론 몸 둘 바를 모르는 게 인간이다. 말이 안 되는 말이라도 하나 손에 쥐어야 목표를 잃지 않기에 '화두 들기'의 간화선이 생겼는지 모르겠다. 우는 어린 아이들도 손에 무언가를 쥐어주면 울음을 뚝 그치고 거기에 집중하며 논다. 죽는 날까지 유치한 피가 계속 남아 있는 인간들에게 '화두 들기'의 간화선은 '선정禪定'에 이르는 꽤 유효한 처방이다.

327 대방광불화엄경 大方廣佛華嚴經

시간을 버리고, 공간을 버리고, 생각을 버리고, 정의情意를 버리고, 너를 버리고, 나를 버리고 바라본 지금, 이곳이 그대로 화엄세계이다. 이 세계 그대로가 완전한 화엄세계라는 말을 초등학생만큼 터득하는 데도 참 많은 시간이 걸렸다. 화엄의 눈으로 바라보니 세상은 아무 일 없이 한결 같은 사람처럼 무사하다. 하늘도 무사하고, 땅도 무사하고, 너도 무사하고,

나도 무사하고, 오늘밤에도 지구는 자전/공전을 계속하고, 내일 밤에도 달은 떠오를 것이고, 어제 자란 나무는 한참 지난 후에 꽃을 피울 것이다.

모두들 안녕하다. 모두들 완전하다. 모두들 여여하다. 시간을 넘어, 공간을 넘어, 넘을 수 있는 모든 것을 넘어, 한 세계가 아무 일 없이 어제가 오늘인 것처럼 묵묵히 흐르며 존재하고 있다.

328 우란분절 盂蘭盆節

하안거가 끝난 음력 7월 15일이 우란분절이다. 조상의 천도를 기원하는 날이다. 그러나 조상이라는 말이 맘에 걸린다. 가족이라는 우리(울타리) 속에 배타적으로 갇힌 이 땅의 가족상이 걱정스럽기 때문이다. 가족이라는 폐쇄된 경계를 넘어서지 않으면 사회는 밝게 트이지 못한다. 가족 안의 개인이 진정 존중되지 않아도 가족 생태계는 뒤뚱거린다. 개인을 존중하면서도 가족 울타리를 넘어설 때, 우리의 삶은 환해진다. 우란분절일에는 조상을 넘어 먼저 간 모든 이들, 혹은 먼저 간 모든 생명들의 천도를 기원하였으면 좋겠다. 그리고 그런 마음을 내며 살았으면 좋겠다.

329 사섭법 四攝法

보시섭布施攝, 애어섭愛語攝, 이행섭利行攝, 동사섭同事攝, 이 네 가지를 사섭법이라고 한다. 보살심을 지닌 보살이 중생구제를 하는 네 가지 길이다. 어느 하나 쉬운 것이 없다. 베풂도, 부드러운 말씨도, 이로운 행동도, 함께 내 일처럼 동행하는 것도 하나같이 어렵다. '내가 있다', '내 것이 있다'는 의식과 무의식을 통해 나오는 모든 행위와 표현은 다 그로테스크하다. 사섭법에 들 수가 없다. 오늘도 나는 하루 종일 나라는 말을 가장 많이 썼고, 나를 위하는 생각에 늪처럼 젖어 살았고, 나도 모르게 나를 드러내는 일에 열중하였다. 그래도 포기하거나 좌절하고 싶지는 않다. 자꾸 마음의 근육을 사섭법 쪽으로 쓰다보면 거기에도 희미하나마 길 하나 생길 것이라 믿고 있기 때문이다.

330 내생來生

이번 생을 아예 태어나지 않은 셈 치자고 생각하니 슬플 일도, 서러울 일도 하나 없다. 이번 생을 아예 태어나지 않은 셈 치고 무엇인가 해보자 마음먹으니 두려울 일도 거의 없다. 이번 생을 반납할 심정으로 미래의 계획을 세워보니 서두르지 않고도 많은 일이 떠오른다.

우리는 이번 생의 사심私心에 저당 잡혀 쫓는 이 없는데도 헐떡이며 두리번거리다 생을 소진한다. 다가올 내생이라고 더 나을 거라는 보장은 없지만, 우주는 무한의 길을 가고, 우리들은 사라져도 우주 속에 있으니, 이번 한 생은 점심 건너뛰듯 가볍게 건너뛸 수 있다는 마음으로,

부처님 말씀대로 고지식하게 한 생 살아보는 것은 어떨까 한다. 큰마음 내서 한 번 금융투자하듯 '부처님 펀드'에 '베팅' 해보면 어떨까 한다.

331 유점사 楡岾寺

금강산은 그 자체가 하나의 거대한 사찰이다. 육질肉質을 다 털어낸 금강산의 수렴收斂하는 내면풍경은 그대로 우리의 비만증을 치료한다. 개골산皆骨山이라 부르기도 하는 것처럼, 금강산의 모든 풍경은 '골상骨相'이다. 자신의 가장 근본적이자 근간이 되는 것만 남기고 다 버려본 사람은 '개골산'과 '골상'의 말뜻을 알 것이다.

이런 금강산의 사찰 가운데 중심사찰이 유점사이다. 갈 수 없어 아득하게만 보이는 북한 땅의 그곳, 역대 수많은 고승대덕들이 거쳐간 그곳, 내가 잘 안다고 생각하는 만해와 지훈도 거쳐갔던 그곳, 유점사를 생각하면 어느 것도 침범할 수 없는 넓고 깊은 지성소가 떠오른다.

332 벽안출가 碧眼出家

한국 사람들이 목사, 신부, 수녀 등이 되는 것과 서양 사람들이 불교 승려가 되는 것에 무슨 차이가 있을까. 벽안출가를 특별하게 바라보고, 벽안출가자들을 통해 오히려 불교에 대한 신심을 키우는 자가 적지 않다는 것을 보면 아직도 이 땅의 사람들 마음속에는 서양에 대한 선망이 남아 있는 게 분명하다.

서양의 심리학과 정신분석학은 인간구원과 자아치유를 이루는 데 한계가 있다. 그것은 소아小我로서의 개인과 중심으로서의 인간을 끝까지 붙들고 있기 때문이다. 구원과 치유에 목마른 사람들이 늘어갈수록, 그 구원과 치유에 문명의 힘으로는 한계가 있다는 것을 절감할수록 벽안 출가자의 수는 늘어날 것이다.

333 무상사無相寺

이 땅의 불교 텔레비전 방송국 이름이 무상사이다. 누가 지었는지 이름이 훌륭하다. 다만 한문 표기를 병기하지 않을 때가 대부분이어서 그 뜻이 반감되는 게 안타까울 뿐이다.

불교 티브이 무상사에는 여러 명사明師들이 나와 설법을 하고 강의를 한다. 눈 밝은 선생들의 강의를 따라가다 보면 마음은 어느새 피안 쪽을 향하여 밝아지고 있다. 이 언덕에서 저 언덕으로 넘어가는 데는 훌륭한 사공처럼, 제대로 노를 젓는 눈 밝은 스승이 너무나도 중요하다. 명사名師도 좋지만 명사明師가 더욱 절실하다.

334 '그냥, 살라'

이것은 불교신문 기자 장영섭 씨가 44명의 선지식들을 탐방하고 쓴 책이다. 저자 자신이 인생의 '허들'을 넘으면서 쓴 글이라, 읽는 이에게도 길 위에 서 있는 자의 고뇌가 적잖은 무게로 실려 온다. 그러나 그 절실함과 본질적인 것에의 사유는 여러 번 읽어도 감동적이다.

하지만 무엇보다 인상적인 것은 책 제목이다. '그냥, 살라'는 책의 제목을 음미할 때마다 은혜가 적지 않다. '그냥'이라는 말은 인간이 도달할 수 있는 최저 상태의 언어이거나 최고 상태의 언어이다. 아무 생각 없는 중생들도 '그냥'이라는 말을 즐겨 쓰지만, 어떤 생각도 넘어선 고승들도 이 말을 사랑한다. 그렇다. 우리는 그냥 사는 것이다. 그냥 해가 뜨고, 그냥 달이 지듯이 말이다.

335 불경佛經

그토록 많은 책을 읽고 공부를 했는데도 이 수준밖에 안되다니 뭔가 그간의 공부에 문제가 있는 것이 틀림없다. 50이 넘도록 세상살이를 했는데도 정말 이 수준밖에 안된다니 그간의 살아온 날들에 뭔가 문제가 있는 것이 분명하다.

불경을 읽으며, 불경에 대한 책들을 읽으며, 아니 경전을 읽고 경전에 관한 논서를 읽으며 이제야 겨우 조금씩 눈이 뜨이기 시작한다. 경전이란 전체에 대한 통찰을 담고 있는 지혜서이다. 1958년에 태어난 나는 초등학교에 입학한 이래 아주 긴 시간을 세속의 모범생으로 살면서 부분에 대한 지식을 얻는 데만 보냈나 보다. 전체를 통찰하지 못한 부분에의 집착과 누적은 아무리 오래 공부를 했어도 어두운 눈을 가진 자가 바늘귀를 꿰는 것만 같이 답답하다.

336 수행修行

이 세상에 와서 가장 해볼 만한 일은 수행이다. 늦은 나이에 이것을 깨달았다고 하여 후회하지는 말자. 이전에 지은 어긋나는 행行들이 안타깝지만, 참회는 우리를 거듭나게 하고, 행한 것을 받겠다는 마음은 이전의 비행非行들을 말없이 포용하게 한다.

수행은 자신을 '내 마음'이 아닌 대우주의 마음과 일치시키는 일이다. 그러나 그 대우주의 마음은 먼 곳이 아닌 바로 우리 몸 곳곳에 고요히 살아 있다. 그 마음을 꺼내어 발현시키면 우리들은 이전의 내가 아닌 새로운 나의 삶을 살게 된다. 수행으로 닦은 우리들의 이런 행은 모두가 선행善行이 된다. 이때의 선善은 '선지식善知識', '선남자善男子', '선여인善女人' 등과 같은 말들의 선善과 같은 뜻이다.

지리산 실상사에 갔더니 생태 화장실 문 앞에 남녀의 칸을 구분하는 말로 '선남자', '선여인'이라는 글을 써 놓았다. 배설행위도 하나의 대행大行이라면, 더욱이 근본적인 본행本行이라면 그 칸에 들어갔다 오는 모든 이들의 행行이야말로 선행이 되어야 하리라.

337 유전流轉

1920년대 시인 이상화의 명작 「나의 침실로」를 보면 시 속의 화자는 그의 애인 마돈나를 애타게 그리워하며 "눈으로 유전流轉하던 진주는 다 두고 몸만 오너라"라고 말한다. 유전은 윤회다. 거듭되는 사심의 출현은 장강長江 같은 윤회의 물결을 이룬다. 유전하던 진주는 다 두고, 본질만 지니고 가볍게 직입할 때, 우리는 비로소 본말이 바뀌지 않은 참삶을 살 수 있다.

유전은 한 집안의 가계도처럼, 한 국가의 왕조사처럼, 끝없는 유전적 遺傳的 DNA의 연장延長을 뜻한다. 유전流轉도 무섭지만, 유전遺傳도 부담스럽다. 비본질을 과감히 끊고 본질의 자유를 찾을 때다.

338 발우공양鉢盂供養

발우공양은 최소의 음식으로 최고의 영혼을 살려내는 일이다. 아니 최고의 식사예절로 무한의 자유를 창조하는 일이다. 음식이란 우주삼라만상이 선율을 맞춰 수행으로 이룩한 결과물이다. 그 수행물을 장수나 건강의 도구로만 삼는 일은 아무리 물러서서 생각해도 비루하다.

339 자유인自由人

이 세상에서 얻을 바가 없다는 '무소득無所得'의 진실을 수지受持하는 순간 자유는 벼락처럼 방문한다. 자유란 끌어당기지도 밀어내지도 않음으로써 에너지 낭비가 제로인 상태이다. 자유로운 사람에겐 저울 같은 계산도구가 필요하지 않다. 에너지를 과다지출하여 너무 날카로워진 사람이나, 에너지를 너무 끌어당겨 비만해진 사람만이 매일매일의 몸무게를 달아보느라 저울을 끼고 다닌다. 아시다시피 저울은 편리하나 품격이 그렇게 높지는 않은 도구이다. '무소득'의 진리가 골수까지 사무치면 이번 생조차도 아예 달아볼 마음을 내지 않게 된다.

340 사천왕문四天王門

사찰의 천왕문에 들어서면 만나게 되는 네 분이 있다. 그들 사천왕이 번뇌를 눌러주는 우리들의 수호신임을 알고 있어도, 그 앞을 지날 땐 어린아이처럼 무섭다. 어린 시절엔 왜 무서운 것이 그렇게 많은가. 스스로 자립할 자력自力과 지력智力이 떨어지기 때문이다. 이 세상에 벌거

벗은 빈 몸으로 나왔을 때, 우리는 엄마가 아니면 살 수 없는 무능력자다. 또한 이 세상의 학교에 들어갔을 때, 우리는 선생님이 아니면 아는 게 없는 무식자다. 이래저래 어린이에겐 무서운 자가 많다. 엄마도 선생님도 보호자를 자처하는 무서운 어른이다. 그 시절의 무서움증이 무의식 속에 깊이 웅크리고 있는지, 눈을 부릅뜬 어른들이나 무기를 든 남자들을 보면 생각할 겨를도 없이 무서움증이 찾아온다. 무서움증은 인간과 인류의, 끈질긴 유년시절의 업식業識이다.

341 승무僧舞

'춤공양'이라는 말이 가능한가. '춤수행'이라는 말도 가능한가. 가능할 것이다. 아니 가능하기보다 아주 적합할 것이다. 춤이란 몸의 언어요, 몸이란 관념이 아닌 구체성과 즉물성의 존재이기 때문이다. 승무가 공양이자 수행이 될 때, 우리의 몸은 우주율과 같은 리듬을 연주할 것이다. 몸 전체로 우주의 호흡율과 조화를 이루는 보기 드문 한때를 연출할 것이다.

342 탐심貪心

죽음조차도 욕망의 한 형태가 되어 있으니, 탐심은 죽음에 이르러서도 멈추지 않는다. '탐한다'는 것은 끌어당긴다는 것이다. 자꾸 끌어당

기다 보면 집안도 몸 안도 발 디딜 틈 없는 창고가 된다. 빛조차 들어올 틈이 없는 공간은 어둡기 그지없다. 탐심으로 마음앓이를 하고 난 다음 날, 금방 빛을 잃고 어두워진 우리들의 얼굴표정을 경험해보았을 것이다. 조금이라도 빛이 들어올 공간을 마련하자. 여유가 되면 조금 더 큰 차를 사듯이, 조금이라도 더 큰 빛의 공간을 내실內室에 마련해보자.

343 진심嗔心

화난 얼굴들이 방마다 가득하다. 욕망하는 것들이 이루어지지 않았기 때문이다. 화난 사람들을 누그러뜨리게 하는 데는 두 가지 방법이 있다. 하나는 그들의 욕망을 들어주는 일이요, 다른 하나는 그들의 욕망을 깨우치게 하는 일이다. 전자도 후자도 방편이지만, 전자가 밑 빠진 독에 물 붓는 격이라면, 후자는 샘물 하나를 스스로 파게 하는 일이다. 상황에 따라 전자도 후자도 시도해보는 것이 이승에서의 길이지만, 할 수만 있다면 후자가 정법이다. 우는 아이에게 자꾸 단 것을 주면 그의 치아는 상하게 되는 것을 우리는 잘 알고 있다.

344 치심癡心

만해는 그의 시집 『님의 침묵』의 서문 격인 「군말」에서 자신이 이 시집을 내는 까닭은 "해 저문 벌판에서 길을 잃고 헤매는 어린 양이 기룹기" 때문이라고 하였다. 여기서 '어린 양'은 어리석은 중생이다. 세종대왕은 한글창제의 동기에서 "어리석은 백성이 이르고자 할 바가 있어도 제 뜻을 실어 펴지 못하기" 때문에 한글을 만들었다고 하였다. 여기서도 '어리석은 백성'은 어리석은 중생과 크게 다르지 않다.

그나저나 어리석음이 문제이다. 어리석음은 무지無智이자 무식無識이다. 그리고 무지와 무식은 무명無明이다. 무명을 밝히는 일은 전생全生의 과업이다. 외등外燈을 켜지 않고도 심등心燈만으로 밝아질 수 있는 세계가 그립다.

무명이란 모든 연기와 윤회의 단초이자 씨앗이라고 불교 책마다 경고한다. '시대의 어둠'을 몰아내듯, 심중心中의 어둠을 다스려야 한다. 오랫동안 계속되는 학교공부도, 평생 동안 지속되는 생활공부도 짙은 어둠을 옅게, 넓은 어둠을 작게, 난폭한 어둠을 순하게 만드는 데로 나아가야 한다.

345 불교佛敎 혹은 불심佛心

불교도 불심도 발명한 것이 아니라 발견한 것이다. 없었던 것을 만든 것이 아니라 있었던 것을 보게 만든 것이다. 발견하고 봄으로써 불교와 불심은 우리를 자유롭게 한다.

자유는 인생에서 받을 수 있는 최고의 선물박스다. 생과 사로부터의 자유라는 거대한 선물에서부터, 시간과 공간으로부터의 자유, 지위로부터의 자유, 명예로부터의 자유, 물질로부터의 자유, 앎으로부터의 자유, 감정으로부터의 자유, 보이는 것으로부터의 자유, 보이지 않는 것으로부터의 자유, 있음으로부터의 자유, 없음으로부터의 자유, 온갖 이미지와 개념으로부터의 자유를 담고 있는 무상無上이자 무상無償의 종합선물인 것이다.

우리에겐 이미 이 선물이 도착해 있다. 다만 그 선물이 도착해 있는지를, 그 선물이 어디에 있는지를, 그 선물을 어떻게 여기는지를 모를 뿐이다. 그러나 선물은 내가 어리석다고 하여 사라지지는 않는다. 그리고 변질되지도 않는다. 늘 아무렇지도 않게 존재하는 생각 없는 사람처럼 언젠가는 주인이 눈을 뜨고 돌아올 날을, 그야말로 기다린다는 마음도 없이 기다리고 있을 따름이다.